知っておきたい！
安全衛生の世界的動向
働く人の安全、健康、ウェルビーイング

明治大学名誉教授
向殿政男 著

中央労働災害防止協会

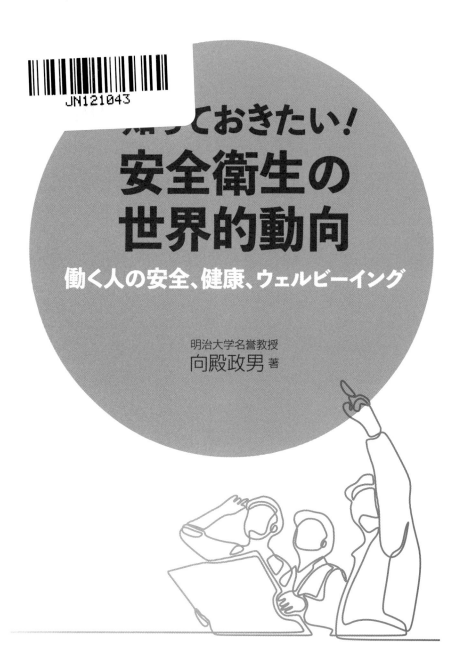

目次

本書は、月刊誌『アイソス』２０２２年４～９月号（システム規格社発行）に連載された「国際標準は安全＋安心へ」に加筆・修正したものです。

まえがき

本書では、まず、誰でも知っておいてほしい安全に関する教養として、安全学の基礎を紹介します。その後で、経営者の立場、および管理者や技術者などの実務担当者の立場からの安全確保の在り方を整理します。その基礎的な安全の考え方に基づいて、労働安全衛生の最近の国際的な動向を、安全の国際標準と絡めながら、解説していきます。

労働安全衛生における安全の対象は、これまで、主として人間の身体的な傷害が基本でした。労働現場での労働者のけがや死傷者をいかに少なくするかにありました。そのために機械設備の安全化に必要な安全技術、および安全管理のために必要な制度・組織に関する開発や標準化が対象でした。その後、労働者の作業環境、健康維持、働き方改革等へと目が向けられ、対象は、人間の身体的な病気、すなわち職業に基づく疾病をいかに減らすかという健康の面に向かいました。そして近年は、人間の精神的な健康、すなわちメンタルヘルスを対象とするようになってきています。

このような流れを、例えば、国際標準の面から眺めてみましょう。機械・設備の安全化に関する標準化の歴史は古く、機械安全（機械類の安全性：Safety of machinery）については、長い間の欧州の安全設計技術の努力が実って、ＩＳＯ／ＩＥＣガイド51（安全側面―規格への導入指針）の指導原理の下、ＩＳＯ１２１００（ＪＩＳ Ｂ９７００ 機械類の安全性―設計のための一般原則―リスクアセスメント及びリスク低減）が制定されました。この規格をトップとして、安全設計の規格類が階層的、体系的に整備され、製品、システム、サービス等の非常に多くの分野で安全規格が制定されてきました。その中でも、特に、コンピュータを安全技術に用いようとする機能安全の規格ＩＥＣ６１５０８（ＪＩＳ Ｃ０５０８ 電気・電子・プログラマブル電子安全関連系の機能安全）は、自動車をはじめ、各種の電子機器や製品の設計に強い影響を与えつつあります。

これに対して、二〇一八年に制定されたＩＳＯ４５００１（ＪＩＳ Ｑ４５００１ 労働安全衛生マネジメントシステム：Occupational safety and health）では、リスクアセスメントに基づく機械設備等の〝機械安全〟だけでなく、労働者の〝健康〟管理も主な対象としています。さらに、ＩＳＯ４５００１を議論しているＩＳＯ／ＴＣ２８３（労働安全衛生マネジメント）では、最近の時代動向に応えてパンデミックに関連しＩＳＯ／ＰＡＳ４５００５（ＣＯＶＩＤ-19 パンデミック下の安全な労働のための一般指針）を出し、一方で、ＩＳＯ４５００３（職場における心理的健康と安全 ―心理社会的リスクを管理するためのガイドライン）を出しています。ここでの心理的健康とは、職場や社会で働く人のメンタルヘルス等の精神的健康を主な対象としています。その中で、ウェルビーイング（well-being）という言葉が盛んに出てきています。これは肉体・精神的な健康の次に来る心の充実を目指しています。

このように、最近の労働安全衛生における世界的な動向は、身体的な安全と健康を踏まえて、さらに心の健康（健全）、すなわち心の豊かさにまで及ぼうとしています。これらの「働く人の安全、健康、ウェルビーイング」と称される最新の労働安全衛生に関する国際的な動向を紹介します。

二〇二二年十月

向殿　政男

第1章　安全学の基礎

本書では、労働安全衛生が、世界的な動向として、安全から健康、そしてウェルビーイング（well-being）に至る潮流とその背景について紹介しようと思います。しかし、その基本は、あくまでも職場の働く人の安全の確保から始まります。ここでは、安全の常識的な基礎として、そして安全に関する教養として、私が提案している、安全は総合的に統一的に考えようという「安全学」の紹介から始めたいと思います。

1-1　安全学の考え方

安全に関する事柄は、極めて広い分野にわたっています。例えば、大きくは国の安全を対象とする安全保障、自然災害から身を守る防災・減災、悪意の人から身を守る防犯、今回のパンデミックのようにウイルスから身を守る防疫等、大規模なものから、転倒、窒息、溺水等の高齢者の家庭における安全まで、実に幅広いものがあります。ものづくりに関連する安全分野に限っても、自動車安全、鉄道安全、ロボット安全等の製品を特定した安全分野から、機械安全、電気安全のように幅広い分野に関連する安全など、いろいろな分野があります（**図表1-1**参照）。

それぞれの分野で、これまで長い歴史を通してその分野の安全の研究が追求され、深化されており、その安全の研究分野が確立されてきています。これら全ての安全の分野を包含した安全に

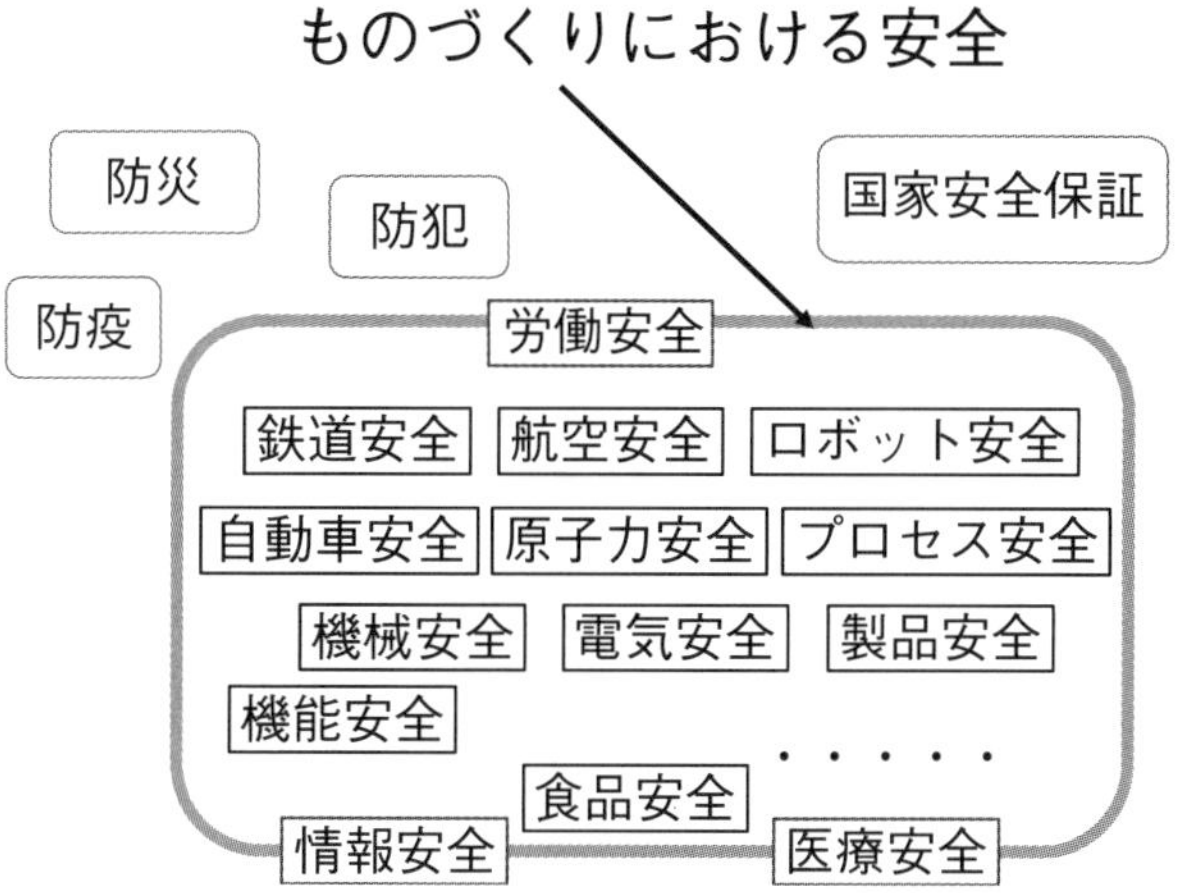

図表1-1　安全の世界は広い

関する包括的な学問を確立しようとすると、かなり難しいものがありそうです。しかし、筆者は、ものづくりにおける安全に限れば、ある程度の体系化が可能で、学問領域として確立できると考えてきました。これを「安全学」、英語名は、造語ですがSafenologyと名付けました。

安全学という名称が広く知られるようになったのは、筆者の知る限りでは、村上陽一郎氏が『安全学』(1)という本を出版されたことによると思います。医療安全も含めて科学哲学からの視点で安全に関して奥深い考察をされています。一方、筆者が、ものづくりにおける安全を主な対象領域として、安全科学でも、安全工学でもなく安全学と名付けたのは、安全は、科学、工学、技術等の「自然科学」だけではなく、人間の心身、認知や習慣、文化等の「人文科学」、および制度、組織、規則等の「社会科学」とも深く関係していて、これらの三科学が総合的に、統一的に、ホリスティックに対応し、考察しない限り、本質的な事故の原因究明も、安全確保も、安全管

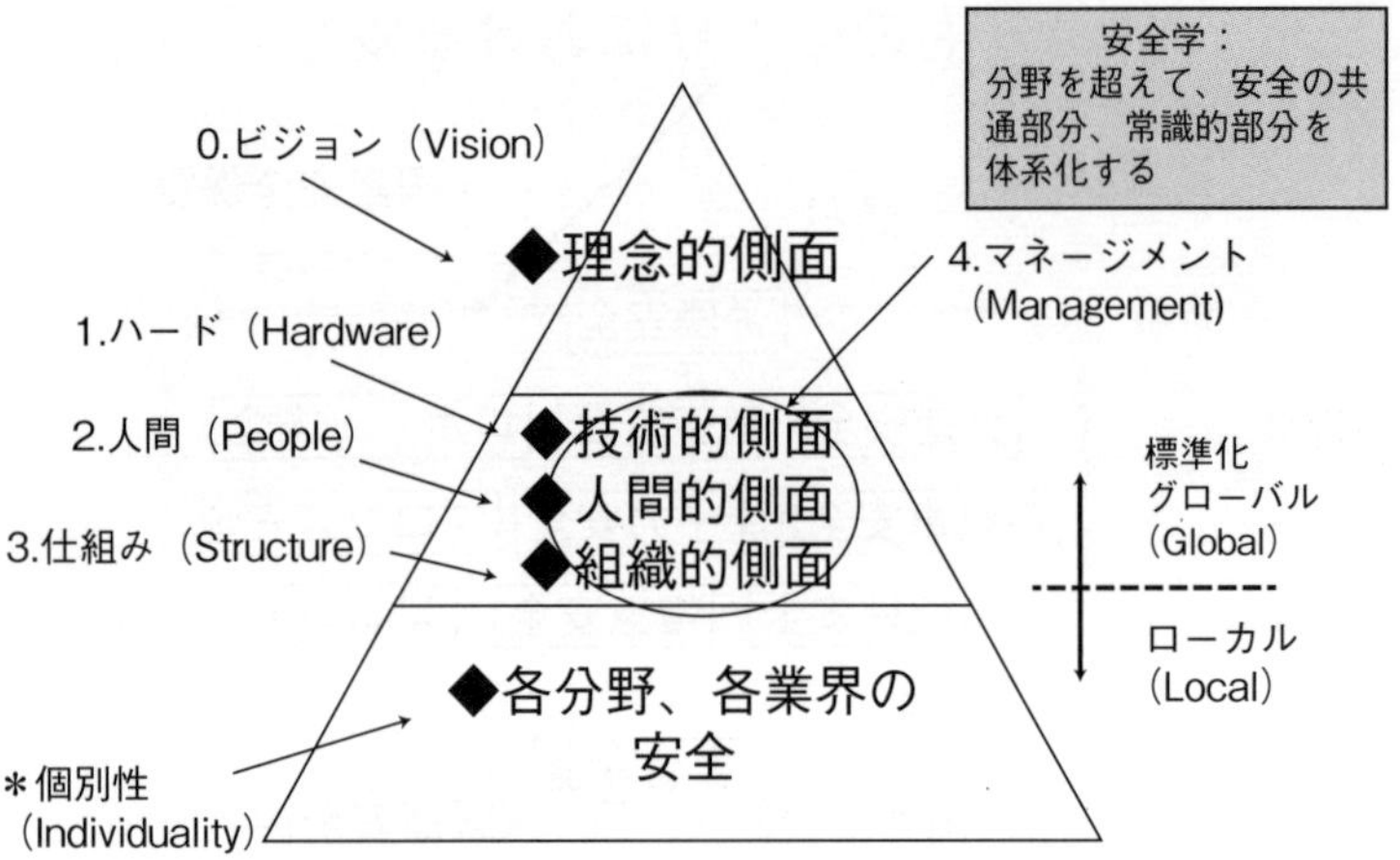

図表1-2　安全学（safenology）の構造

理もできないと感じたからです。そして、これらの安全の分野には、共通した考え方があると考えたからです。

1-2　安全の体系化

安全の各分野は、これまで深く研究され、実施されてきたため、専門性が深くなり、異なった分野からお互いに学ぶのが難しい状態にありました。しかし、実際には、他の分野にも利用可能な、学んでほしい素晴らしい考え方や仕組みがあるはずです。そこで、技術、人間、組織の三つの軸に分けて、各分野で使われている通常の考え方、他の分野にも使えそうな考え方を一般の人にも理解可能なように言葉で抽象化し、一般化して、それらを集めて体系化、構造化すれば、多くの安全の分野にも利用可能な形になるはずであると考えたのです。そこで、数多くの安全の分野を**図表1-2**のように一番下の第三層として位置付け、その上に、上述した一般化、抽象化した考え方を技術的側面、人間的側面、組織的側面と呼んで、第二層にまとめることにしました。その一般化した第二層の考え方を参考にして自分の安全の分野に適用し、逆に自分の分野で用いられている方法を一般化して紹介することで他の分野に利用してもらえるようにする。そうすれば、お互いに異なった安全の分野に学ぶことができるようになるはずです。さらに、安全学が学問体系になるためには、理念が明確になっていることが必要です。そこで、技術的側面、人間的側面、組織的側面の上にトップの第一層として、理念を置くことにしました。ここには、そもそも安全とは何か、何のために安全を確保するのかといった安全の哲学などが位置します。

以上の第一層の理念的側面の下に第二層の技術的側面、人間的側面、組織的側面をまとめて、安全学の構造としたのです。すなわち、安全学とは、安全の各分野を超えて、安全の共通部分、常識的な部分を体系化したものです。この安全学では、各分野の安全の個性や特異性をそぎ落とし、共通部のみを体系化しています。安全に係る全ての人はこの体系を常識として知っていて、その下で各専門の分野を深く追求することになります。こうすることによって、安全の分野全体に統一性をもたらすことができます。そして、用いる安全の言葉が統一されるという一種の標準化ができ、他の安全の分野に学ぶことが可能になるというメリットが生じます。

１－３　安全学の基礎知識

本書では、安全学の詳細について紹介するゆとりはないので、さらに詳しい内容を知りたい方

常識的な定義	危なくないこと （注）時には、何をしても心配ないことを意味する
辞書による定義[1)] 1）岩波国語辞典、第８版、2019	危なくないこと。物事が損傷・損害・危害を受けない、または受ける心配のないこと
文部科学省の報告書における定義[2)] 2）文部科学省：「安全・安心な社会の構築に資する科学技術政策に関する懇談会」報告書（2004-4）	人とその共同体への損傷、ならびに人、組織、公共の所有物に損害がないと客観的に判断されることである
国際規格における定義[3)] 3）ISO/IECガイド51 2014（JIS Z 8051）	許容不可能なリスクがないこと （Freedom from risk which is not tolerable: 許容することが出来ないリスクからの解放）

図表1-3　安全の定義

は、巻末の参考文献[(2)]、[(3)]を参照してください。ここでは、安全学の基礎知識として、基礎安全学[(4)]から二つの項目、「安全の定義」と「安全の基本的構造」について紹介します。

まず、安全の定義ですが、そもそも安全とは何か、という問いに答えるのはなかなか難しいものがあります。常識的には、安全とは、「危なくないこと」と答える人が多いと思います。これには、時として、何をしても心配ないこと、すなわち絶対に安全であるという主張につながる可能性が含まれています。過去については言えても、未来のことについては断言できないでしょう。従って、現実には、絶対に安全であるという絶対安全は存在しないのですが、安全ですというと何をやっても絶対に安全であると理解する人が出てくる恐れがあり、時々ニュースでも問題にされています。**図表1-3**に安全の定義の例を示しておきました。辞書による定義と文部科学省の報告書における定義では、安全は損傷（人体）と

項目	内容
安全	許容不可能なリスクがないこと
リスク	危害の発生確率およびその危害の度合いの組合せ
危害	人への傷害若しくは健康障害、または財産および環境への損害
許容可能なリスク	現在の社会の価値観に基づいて、与えられた状況下で、受け入れられるリスクのレベル

図表1-4　ISO／IECガイド51における安全に関する定義

損害（もの）を対象としており、それが客観的に〝ない〟と判断されることとしています。しかし、この定義は説明的であり、安全であるか否かを判断する根拠を見つけるのは難しそうです。一方、国際規格（ISO／IECガイド51）による定義では、〝許容不可能なリスクがないこと〟となっています。これも説明的なように見えますが、実は、リスクを危害の発生確率と危害のひどさの組み合わせと定義していて、許容可能なリスクのレベルを客観的に決めることで、かなりの範囲で数量的に判断できる可能性のある定義となっています。現在のものづくりの分野における安全の定義は、このガイド51の定義が採用されています。ここで大事なのは、安全であるといっても〝許容不可能なリスクがないこと〟であり、従って、〝許容可能なリスクは残っている〟ことを意味していることです。安全か否かをイエス、ノーの二値論理で判断した場合、安全であると判断しても、許容可能というう受け入れることができるレベルのリスクが残留してい

何の名の下に守るのか？	理念、目的、パーパス （大義名分）	人命、人権尊重、正義、自然保護
何を守るのか？	対象とする危害 （結果系による分類）	人間（生命、健康、幸福）、モノ、サービス・機能、情報、組織、社会、地球環境
何から守るのか？	危険源 （原因系による分類）	自然現象、人間のミス、モノの故障、人間の悪意
どうやって守るのか？	方策、対策	人（教育、訓練） 技術（本質安全設計、機械の高信頼化、機械的機構、安全装置、自動監視） 組織（管理、監査、認定、認証、社会制度、国家的機構、標準、規格、法律、罰則）
誰が守るのか？	責任体制	国（国会、政府、行政、自治体） 企業（経営者、管理者、設計・開発・製造者、運用・保守者） 利用者（作業者、消費者）

図表1-5　安全の基本的構造

ることを意味しているのです。国際規格では、安全には絶対安全が存在しないことをはじめから宣言していることは注目すべきです。これが現在の安全の常識なのです。参考のために、ISO／IECガイド51における安全に関連する定義を**図表１－４**に示しておきます。

二つ目の項目として、「安全の基本的構造」について**図表１－５**に紹介します。どの分野の安全でも同じ基本的構造をしていて、この表はその内容が異なるだけであることを表しています。その構造とは、(1)何の名の下に、(2)何を、(3)何から、(4)どうやって、(5)誰が守るのか、です。全てではないのですが、思いつく候補を**図表１－５**の右欄に挙げておきましたので、皆様が関係する安全の分野は、各項目でどれに関係しているかを考えてみるのも面白いと思います。表にない場合には、ぜひ、追加してみてください。

・メーカー、組織、機関等は安全を実現する
・使用者（ユーザー）は、安心を求めている
・安全と安心をつなぐものは信頼である（安全を実現しているメーカー、組織・機関、人等を使用者が信頼することにより、使用者は安心する）

安全×信頼＝安心＜1

・情報の公開と透明性が信頼を生む
・リスクコミュニケーションの重要性

図表1-6　安全・安心の方程式

1-4　安全と安心の方程式

本章の最後に、本書に関連する安全と安心の関係について述べておきましょう。安心は、本来は仏教用語でしょうが、現在、われわれが日常で使用する安心という言葉は、悟りのような純粋に心の在り方のみを言っているのではなく、安全が確保されている状態を前提としての心の在り方を言っていると思われます。

わが国では、安全・安心という言い回しがよく使われているのは、このことを表しています。ものを作り、管理、運用、規制する側とそれを利用する使用者との関係を考えての安全・安心という言葉なのです。安心は、明らかに主として主観的なものですが、客観性が問われる安全とはどのように関連しているのでしょうか。安全と安心の関係を私は安全・安心の方程式と称して、**図表1-6**のように表しています。ものを作り、管理、運用、規制する側は安全を担当し、それを使う使用者は、安心を求めています。使用者が、その安全を作っている機関、

組織、人を信頼することによって安心につながるという関係です。この方程式は、メーカー側と使用者側とをつなぐ関係であり、それは安全と安心の関係を表していて、両者をつなぐのは〝信頼〟であるということを表しています。なお、安心が1より小さいと書いてあるのは、使用者は安心しきってはいけないこと、すなわち安全であると言ってもリスクが残留しているので、常に注意をしていなければならないことを表しているつもりです。

1-5　安全学のまとめ

安全学の考え方について、簡単に紹介をしました。安全学は、安全に係る全ての人にとっての共通言語という位置付けになってほしいと考えています。ここでは、安全学の定義と安全の基本的構造しか紹介できませんでしたが、安全学の内容は、極めて基本的なものに限られています[(2),(3)]。異なった安全の分野の方々も、異なった安全の立場の方々でも、安全学に述べられている共通の常識、共通の言語を持って、お互いに理解し、協力し、尊重し、そして他の安全の分野にも学ぶことができるようになることを願っています。

第2章　経営者にとっての安全学―経営安全学―

「経営安全学(5)」という言葉は、あまりなじみのあるものではないと思います。一般的に、経営安全というと、会社や組織の経営が安全な状態かどうかという意味に取られます。本書ではそれだけでなく、経営に関するステークホルダーの安全を確保するということも含めて考えたいと思います。自分の組織の安全だけでなく、他の人々の安全の両方を含めたいのです。この場合の他の人々とは、例えば、従業員であり、顧客であり、関係者であり、さらに広く、一般社会の人々も含んでいます。もう少し詳しく説明しましょう。通常、企業の安全の状態は、何で評価されるでしょうか。主として、財政状況であり、利潤の問題であり、生産状態でしょう。例えば、経営安全度とか経営安全率だとかはそのようなことを表しますが、これは経営の状況そのもの、組織自身の安全の問題です。もう一つの重要なものに、人間の安全があります。すなわち、従業員が安全に、健康に、明るく楽しく働いているか、さらに、顧客の安全もしっかりと考えているかという問題です。さらにその先に、社会の安全への寄与があります。すなわち、その企業が社会の安全・安心・安定にどのように貢献し、社会に与える影響をどのように考えているのか、ということも含める必要があります。このように、安全学の視点から経営全般の安全を眺めて、経営者にとっての安全学として、「経営安全学」と呼ぶことにしています。

本章では、このような広い観点から、企業を取り巻く安全について、企業の理念から従業員の

ステージ	目的
I	・（経営者自身のため） ・利益を上げるため ・規模を拡大するため ・株主のため
II	・従業員のため ・顧客のため ・地域社会のため
III	・事業継続して社会の中で役割を果たすため ・社会貢献のため ・人間の幸せに貢献するため

図表2-1　企業の真の目的は何か

働きがいに至るまで広く、考えてみたいと思います。なお、本章の一部は、人によっては常識で自明のような話題だと思いますが、頭の整理に資するという観点からお読みいただければ幸いです。

２-１　企業の存在意義

まず初めに、企業の存在意義について考えてみましょう。こんな大それた問題に言及できるほどの知見はもちろん私にはありません。専門的には政治形態、経済形態等の違いによって、異なった存在意義があるでしょうし、また、読者の皆様にも経験、立場、価値観等の違いでそれぞれの考え方があると思います。ここでは、資本主義、民主主義を前提とした世界における企業の在り方、存在意義について、私なりに、素朴に考えてみたいと思います。

図表２-１は、私なりに考えた企業の目的の例です。ステージを三つに分けたのは、短期的視点から長期的視

点へ、個別的から本質的な観点へという見方からの分類です。もちろん、中小企業か、大企業か、世界的な超大企業か等で異なりますので、全くの大ざっぱな分類と考えてください。

図表2-1のステージⅠに記した目的は、企業の経営者の本音を挙げたつもりです。経営者は、そんなことは決して言わないと思いますが、本音の本音として（だからカッコでくってあります）、自分自身や家族のため等の経営者自身のためという目的があると思われます。また、どの経営者もそうですが、「企業は儲けてなんぼ」の世界ですので、企業の中には利益を上げることのみを目的にしているように思えるものがあります。利益至上主義といわれるものです。中には、企業の規模を大きくすることを目的に事業に邁《まい》進している経営トップもあります。また、株式会社の場合には、企業は株主のもの、株主に利益を還元することが究極の目的であり、組織や従業員はそのためのツールであると考えているとしか思えない経営者もいます。株主至上主義といわれるものです。このような企業の社長の中には、自分の給与と株価を連動させて、短期間の社長の間に株価を上げて株価が高い状態で身を引く人も現れるようになり、これはカッコで書いた最初の自分自身のためとしか考えられないのではないでしょうか。ステージⅠに掲げた目的は、短期的に、また自分中心に考えたもので、決して企業として望ましいものではないのは明らかです。

ステージⅡに記した目的は、ぜひ、持つべきもので、至極まともなものです。企業は、従業員のためであり、顧客のためであり、さらに地域社会のためである、という三つの目的を追求するという考え方です。これは、わが国では昔から言われている近江商人の商道徳「売り手よし、買い手よし、世間よし」の「三方よし」の精神につながります。現代でいえば、ステークホルダー全員のためになることを目指すステークホルダー資本主義や公益資本主義の考えに結び付きます。ステージⅠに記した利益至上主義や株主至上主義とは根本的に異なった望ましい目的です。少なくとも企業のトップたるものは、ステージⅡの目的を掲げて事業を推進していってほしいものです。

しかし、長期的に、また地球規模で広く考えると、更なる崇高な目的を設定することができます。それがステージⅢに掲げた目的です。すなわち、事業を継続して社会の中でそれぞれの役割を果たしつつ社会のために貢献し、そのことを通して人間の幸せに貢献するという高邁《まい》な精神です。通常、目的を達成するためにいくつかの目標を定めていますが、世の中の多くの企業はステージⅢの目的を達成するための目標として、例えば、ＣＳＲ（企業の社会的責任）、ＥＳＧ（環境・社会・企業統治）、さらに地球規模を対象にしたＳＤＧｓ（持続可能な開発目標）などを挙げています。

属されている企業や、取引先の企業の目的はどのようなものなのか、実際の行動はどのようなものであるかを、改めて考えてみるのも面白いでしょう。

２-２　経営安全学

さて、本来の経営安全学の話に戻りましょう。私は、経営にまつわる安全には、次の三つがあ

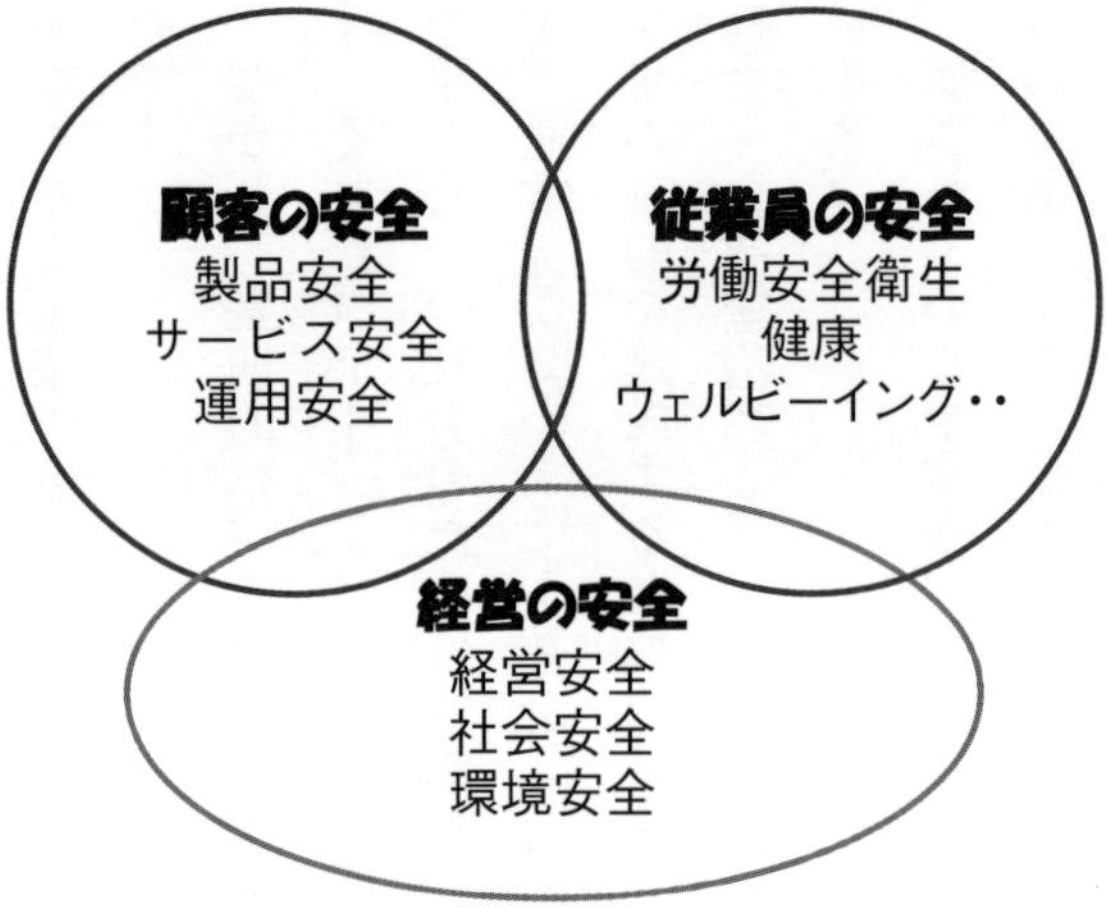

図表2-2　企業が満たすべき三つの安全

ると考えています（図表2-2）。一つは、顧客の安全です。顧客にけがをさせてはいけません。これは主として製品、サービス、運用等を通じて行われます。代表して製品安全と呼んでいいと思います。安全を確保するための技術的側面が重要となります。もう一つは、従業員の安全です。すなわち、従業員や経営者も含んだその企業で働く人々の安全です。労働災害をなくすことが第一ですが、肉体的な健康だけでなく精神的な健康も含んだ広い意味の安全です。代表して労働安全衛生と呼んでいいと思います。主に、安全の人間的側面です。この二つが主に人間に対する安全です。三つ目が、組織としての企業体の安全です。コンプライアンス、事業の持続性、社会貢献等の企業体の健全性であり、まさしく、これがいわゆる経営安全であって、主として安全の組織的側面です。

経営安全学とは、これらの三つの安全を総合して統一的に、調和をもって実現することを目指しています。

安全学の視点からは、顧客の安全は、主に製品安全のように技術的に安全を確保することであり、リスクから守るべき対象は人間のけが等の身体的な事案を主としています。また、働く人の安全は、主に労働安全衛生のように人間的な側面が主であり、守るべきものは、同様に人間のけが等の身体的な事案が主な対象になります。一方、経営安全に関しては、主に組織的側面を対象としていて、守るべき対象は、身体的事案以外にも多くのもの、例えば、財政状態、事業の継続性、目的の遂行可能性、等々があります。顧客の安全を守る製品安全と働く人の安全を守る労働安全衛生については、章を改めて紹介することにして、ここでは、主として経営安全について考えてみることにします。

企業を経営していくにあたって、多くの障害事象、危険な事柄、俗にいうリスク（脚注１）が存在します。企業経営を取り巻くリスクを、**図表２－３**に思いつくところを挙げてみました。何から、何を、どうやって、何の名のもとに守るのかという安全学視点から、詳しく分類することができると思いますが、この図表では、リスクを大きく三つに分類してみました。最初のグループは、地震等の自然災害、コロナウイルス感染のような防疫関係、火災等の突発事項、およびコンピュータウイルスやテロなどの人間の悪意に基づくものです。二つ目が、製品問題、生産設備の事故、

（脚注１）安全を脅かす原因である危険源を一般にリスクと呼びます（**図表２－３**もこの意味でリスクを使ってます）が、本来は、危険源とリスクは分けるべきです。前章で紹介したように、厳密には、危険源から守りたい対象に関する危害について、その危害の確率と危害のひどさの組合せがリスクです。

労働災害、人間の過誤等のある意味では技術的に未然に防ぐことが重要と思われるリスクです。そして三つ目に示したグループが、経営安全に関連したリスクの例です。これ以外にもたくさん見つけることができると思いますので、ぜひ、皆さんの企業にまつわるリスクを追加してみていただきたいと思います。

リスクに対応するための考え方のいくつかを**図表2-4**に参考のために紹介しておきます。なお、リスクアセスメントとリスクマネジメントの役割の違いを認識しておくことは大事です。リスクアセスメントとは、現場が行う作業で、リスクを特定し、その大きさを評価して、時にはリスク低減策を施すことまで含める行為であり、リスクマネジメントとは、それらの結果を踏まえて他のリスク等も勘案して企業のトップが行う価値判断を伴った行為です。

◎ 自然災害、ウイルス拡散、火災、・・・
◎ コンピュータウイルス、テロ、・・・

◎ 品質問題（不良品、事故、リコール、・・・）
◎ プロセス・生産システム、情報システム等の不具合・故障、・・・

◎ 労働災害、人身事故、・・・
◎ 人間的過誤、・・・

◎ 財政、為替、倒産、・・・
◎ カントリーリスク、サプライチェーンリスク、・・・
◎ コンプライアンス問題、・・・
◎ 内部不正問題、データ改ざん、・・
◎ 社会変化、・・・
◎ 評判、風評(レピュテーション)
◎ ・・・・

図表2-3　企業経営を取り巻くリスク

考え方	内容
リスクマネジメント	リスクの大きさに応じて、トップの価値判断に基づき、リスクの削除、回避、防護、軽減、制御、転嫁等の手段を講じること
クライシスマネジメント（危機管理）	危害が発生した時の対応方法を立案しておき、実際に起きた時にそれに従って対処をすること
リスクアセスメント	前もって各リスクの存在を予測してその大きさを評価しておくこと
BCP（事業継続計画）	Business Continuity Plan 自然災害やテロ攻撃などの緊急事態に遭遇した際に、中核となる事業の継続あるいは早期復旧を可能とするための方法や手段などを取り決めておくこと
レジリエンス	困難な状況になっても、うまく適応できる力のこと (特に、災害に対して強靭《じん》に耐え、生き残り、復活する力)

図表2-4　リスクに対応するための考え方の例

◎ 安全第一、品質第二、生産第三
◎ 安全は全てに優先する
◎ 安全なくして生産なし
◎ 安全確保が大前提、これなしに事業を行ってはならない
◎ 人命を犠牲にしてまでも、遂行しなければならない業務は存在しない
◎ ・・・・・

図表2-5　安全宣言の例

2-3　安全が事業の大前提

人命に関する安全については、企業のトップが理念として安全宣言をするのが望ましいと考えます。特に、人命を預かるような分野では必須です。安全に関しての目標を掲げて、その目標のもとに社員全員が一致して同じ方向で努力するためには、ぜひとも、必要です。**図表2-5**は、そのいくつかの例を紹介しておきます。

ここで、最初の「安全第一、品質第二、生産第三」についてのみ注釈をしておきましょう。わが国では最初の「安全第一」だけが有名ですが、これは一九〇一年、USスチールのE・H・ゲーリー会長が提唱した三つ一組の言葉で、本来は、企業トップの決断における価値判断の順番を示しています。企業ですから利潤は大事（生産第三）ですが、品質問題や顧客の信頼を失うような問題が起きたら利潤を無視しても対応し（品質第二）、もし従業員の人命に関わるような問題が発生した場合には、生産や品質よりもまず安全を最優先（安全第一）に決断

する、という自分自身に言い聞かせていた言葉であると言われています。最近、安全第一が禁句になっている企業があるとも聞きます。その理由は、「安全」は他の項目と比較するようなものではなく担保されるべきものだから、という理由です。事業の展開の大前提が安全の確保にあり、「労働者の安全が担保されて初めて企業活動が展開できる」というのはその通りです。安全が事業展開の前提であることは当然ですが、現実に問題が起こった時の対応ではゲーリー会長の言葉は本質的です。比較という言葉を使ったことによる誤解に基づくものかもしれません。

なお、比較について一言。安全には度合いがあり、許容可能なリスクまで低減した時に安全という定義に基づけば、その安全の基準を満たさない限り事業を展開してはならないという点では、比較するものではありません。しかし、基準を満たしたとしてもリスクは残ります。その残留リスクをさらに小さくする努力と、品質や生産性の向上に対する努力とは比較することはあり得ると思います。

2-4　経営安全学のまとめ

企業の経営者にとって、長期的な観点からみて最も大事にすべきことは、その企業の真の目的を実現するために適した独自の企業文化を築くことではないでしょうか。ただし、企業文化のためには、「安全文化」の構築がその基本になければ砂上の楼閣となってしまうでしょう。安全を実現し、安全を最も大事にするという安全文化の構築なしには、企業の目的の実現はもとより、事業の遂行さえ困難になるはずです。鉄道、航空、原子力発電等のように顧客や社会の人々の命を預かるような分野では、特に、必須です。もちろん、人命を預かる分野だけではありません。製造業のように、働く現場で身体的なけがが、死亡事故等の労働災害が発生する可能性のある企業では、安全の確保を第一としなければならないはずです。最近は、第三次産業の広がりにも影響されて、働く人は身体的な安全だけでなく、健康の確保、すなわち、病気、疾病等の身体に関する健康、およびメンタル等の精神に関する健康の両方の健康の実現が望まれています。さらに、働き方改革等を通して、心の充実やウェルビーイングが望まれる時代になってきています。そしてその先に、私たちは新型コロナ感染拡大を経験して、次なる新しい社会的価値を模索しつつあります。

私たちは、大量生産、低コスト競争の時代を、そして品質・機能競争を経験してきました。そろそろ、利潤を大きくするとか、企業規模を大きくするとかを大事にする価値観の時代は終わりにしたいものです。現在、私たちは、アフターコロナ、ウィズコロナの時代に向けて、安全、安心、健康、快適な社会に価値を置こうとしているのではないでしょうか。これからの社会は、安全、安心の確保、そのために信頼に重点を置く新しい社会の価値観に向かってほしいと願っています。

この章の最後に、老婆心ながら、安全文化の構築と企業トップの役割について、一言。安全文化を構築するとは、風通しの良い企業風土を作ることが基本です。風通しの良い企業風土とは、例えば、企業のトップが常に現場に顔を出し、現場とのコミュニケーションを盛んにとるような職場のことです。トヨタ自動車におけるトップダウンとは、トップが現場に行って話をすること（トップがダウンすること）という話を聞いたことがあります。心すべきことではないでしょうか。

大昔、英国の炭鉱において、労働規則を作って働く子供たちの安全・健康を守ろうという動きが起こったことがありました。本当に子どもたちのために、安全・健康を守ろうとしたのでしょうか。安全・健康を守らないと子供たちは早く死んでしまって、生産効率が悪いという発想からでした。子供たちの安全・健康の確保は、生産性向上のためであり、生産性向上が第一で、子供たちの安全・健康は第二なのです。価値の順番が間違っているのは今では誰でも分かります。最近、前述したように多くの企業でステージⅢ（**図表2-1**）の目的の実現のための目標として、ＳＤＧｓへの貢献や心理的安全性（脚注２）を高めようという動きが起きています。これらは素晴らしいことです。一方で、もし、企業の評判を上げるために、また生産性を上げるためにそうするとしたら、これも順番が逆でしょう。地球の持続的発展への貢献を目指すことにより企業の社会的価値が上がり、従業員の心理的安全性を上げて明るく楽しく健康に働いてもらうことによりその結果として生産性が上がるという順番のはずです。これは企業トップの倫理の問題でしょう。データ改ざんなどの不祥事が起きると、しばしば従業員の倫理が問題となりますが、従業員の倫理の前に、経営者の経営倫理の醸成の方が先ではないでしょうか。

（脚注２）心理的安全性については、第６章で詳しく紹介します。

第3章　実務担当者にとっての安全学

この章では、安全に関する実務担当者という考え方を提案します。安全を管理の面から、技術の面から、そして人間の面からそれぞれ担当する人のことです。経営者と現場作業者との間で活躍する安全の実際の担当者を意味します。安全学の視点から、安全の実務担当者のそれぞれの役割について、特に安全技術者の役割について考えてみます。安全の実務担当者の重要な役割の一つに、経営者と現場の作業者との間における橋渡しの役割があることも述べます。

3-1　安全確保の構造と安全の実務担当者の役割

まず、全体的な安全確保の構造と役割分担をみてみます（**図表3-1**）。安全学では、安全は、組織で守る「社会科学」と技術で守る「自然科学」と人間で守る「人間科学」との三分野が統一的に、協調して確保するものとしています。基本的な役割は、例えば、組織側では安全基準の作成があり、技術側ではそれに沿って安全なモノを構築して残留リスク等の明確化があり、人間側では自分の安全は自分で守りながら作業をする、という役割分担です。**図表3-1**の実線の矢印は、（組織側から技術側への）安全基準の開示であり、（技術側からの人間側への）使用上の情報の提供であり、（組織側から人間への）指示・注意喚起等を意味しています。実際には、これらに加えて、両方向の点線の矢印が示すように、三者間の情報のやり取り（コミュニケーション）

・**組織で守る**（組織的側面）
・・使用上の情報・安全管理：制度・ルール

・**技術で守る**（技術的側面）
・・製品安全・機械安全
：安全設計技術

・**人間で守る**（人間的側面）
・・消費者安全・運用安全
：教育、訓練、伝承、ヒューマンファクター

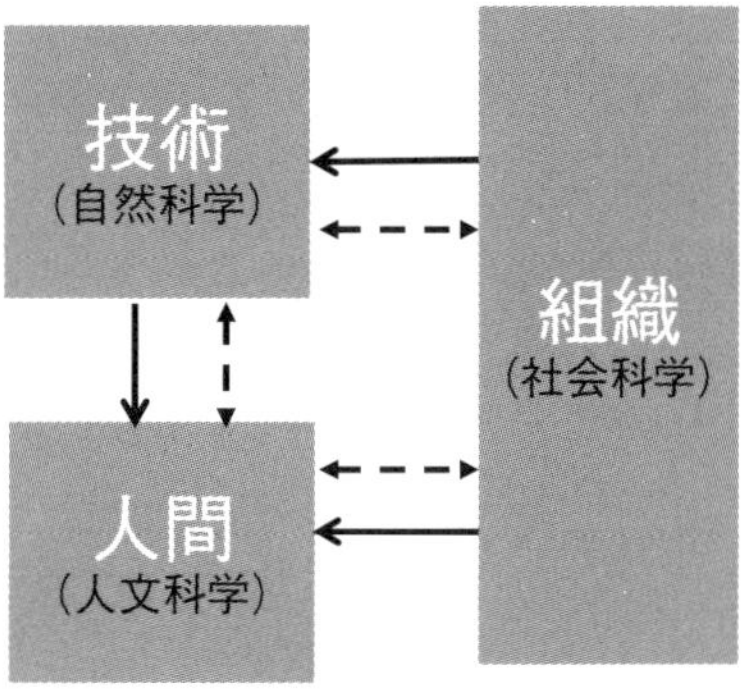

図表3-1　安全確保の構造と役割分担

が重要です。この図表は、ものづくりにおける役割分担の概略を示したもので、例えば、組織側は国を、技術側は製造業を、そして人間側は使用者や消費者をイメージしています。この関係は、どこにでも当てはまるはずです。例えば、企業でいえば、組織面は経営者、技術面は安全技術者、人間面は作業者にあたるでしょう。

さて、本章の主題である安全の実務担当者とは誰のことでしょうか。安全を守ることに携わる人を安全の実務担当者というのであれば、ある意味では、企業においては全員でしょう。一方、自分の身の安全ではなく、役割として他の人の安全を守ることを考えなければならない人がいます。ここでは、この人たちのことを安全の実務担当者と呼ぶことにします。従って、現場での作業者自身は、ここでいう安全の実務担当者には入れないことにします。

このように分類してみても、安全の実務担当者にはいくつかの異なった役割と立場があることが分かります。

実務担当者	対象	内容
安全管理者	組織	(安全管理) 管理、監督、制度、基準、・・・
安全技術者	技術	(安全技術) 設計、設置、修理・点検、・・・
安全教育者	教育	(安全教育) 教育、訓練、習慣、体験、・・・

図表3-2　安全の実務担当者

他の人の安全を守る役割として、第一に、組織として安全を守る人がいます。その中には、当然、経営者は当てはまりますが、安全を第一と考えて事業を展開するのが経営者の役割であることは当然ですので、経営者を実務担当者と呼ぶのは適切ではないと思われます。ここでは入れないことにしましょう。一方、安全管理者や安全監督者などは、実際に組織を管理することで、他の人の安全を守る役割の人でしょう。第二に、技術で安全を守る役割の人を考えてみます。これには安全な機械設備を設計・製造する人、例えば、機械設備の設計者や製造機械を実際に工場等で設置するインテグレーターなどが入ります。第三に、他の人の安全を人間的側面で守る人というカテゴリーには、誰が入るでしょうか。現場の作業者は、実際には、自分だけでなく仲間の安全も守る役割もありますので、ここに入りますが、前述したように安全の実務担当者には入れないことにします。それでは、他の人の安全を人間側から守る人というカテゴリーに入る人はいるのでしょうか。考えてみれば、安全の教育担当者がその役割の代表者であると考えられます。

このように、安全の実務担当者というのは、管理担当者（組織）、技術担当者（技術）、教育担当者（人間）があてはまると考えられます。**図表３－２**に、これらの実務者が担当する組織、技術、人間の三つの構造に対して、それぞれの内容を記してみました。これ以外にもあると思いますので、ぜひ、考えてみてください。

３－２　安全の実務担当者にとっての安全学

安全の実務担当者が知らなければならない重要な二つの事項、すなわち⑴安全確保のステージと、⑵事故に至るプロセスについて、説明をします。

⑴　安全確保のステージ

図表３－３に一般的な安全確保のステージを示します。最初にやることは、未然防止方策を施すことです。いわゆる「予防安全」の考え方です。次に、設計・製造されたシステムを本来の機能を発揮して運用する段階があります。事故を起こさないように、安全に、安定して運用をすることが基本です。ここには、保守、点検、修理等の作業も入ります。私は、この段階を「運用安全」と呼んでいます。危害の発生確率を下げる段階です。しかし、実際には、運用する人間の間違いや、システムの故障や劣化等で事故発生の可能性は常にあります。従って、事故が発生してしまった時に、危害のひどさを下げる方策を設計の段階から施しておく必要があります。例えば、事故で人がけがをしないように物理的に剛体で守る構造などがあります。いわゆる「衝突安全」

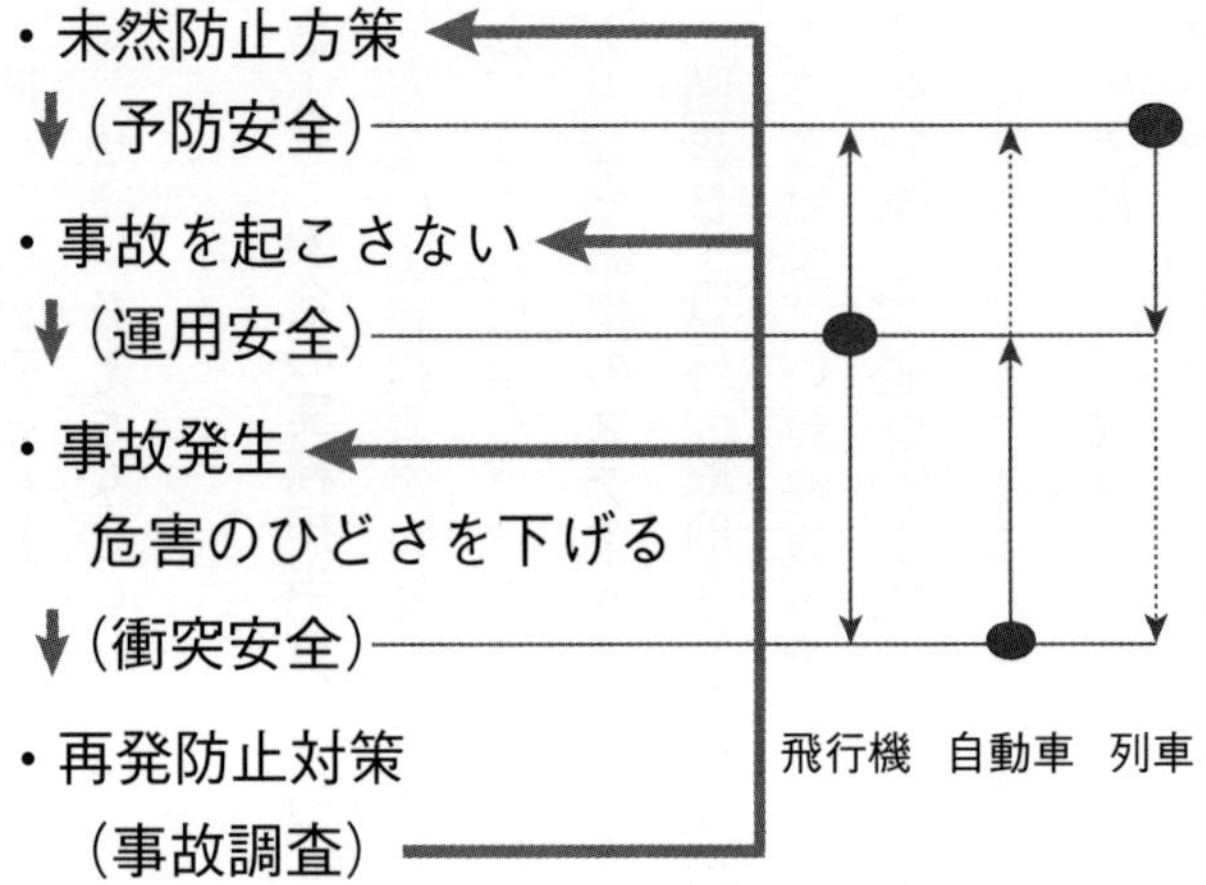

図表3-3　安全確保のステージ

です。そして、事故が起きてしまったら「事故調査」を実施して、事故の原因を究明して、再発防止対策を立てる必要があります。その結果をこれまでの各段階の安全方策立案のために、フィードバックする必要があります。設計の段階で、予防安全に加えて、運用安全（例えば、運用しやすく事故を起こしにくい設計）、衝突安全（例えば、自動車のセーフティ・エアバッグのように事故が起きても大けがをしないように設計する）、事故調査（例えば、飛行機のブラックボックスや自動車のドライブレコーダーの設置）、すべてのステップを考慮して安全を配慮した設計をしておかなければならないのです。上流で安全方策を施せば施すほど、効果的で、廉価に施すことができます。安全技術者は、このことをしっかりと知っておかなければなりません。

なお、対象とするシステムの特性で、どの段階の安全を重視してこれまで発展してきたかという特徴があると考えられます。例えば、列車のように大量の人命を預かる分野で、しかも止まれば安全というシステムでは、上のステップを正しい順番に踏んで進化してきています。すなわち、予防安全を重視して、運用安全、衝突安全の順番に進化してきていると思われます（図表３-３の右端）。一方、自動車のように間違えやすい人間に運転を任せている場合は、事故が極めて多く発生するシステムなので、事故で人が死なないように衝突安全から入ったと思われます。その後、運転者の教育と交通規則を用いた運用安全の時代を経て、現在の自動運転のように技術による予防安全が考えられるようになりました。この方向は、列車の安全とは、明らかに逆です。また、飛行機のように落ちたら大惨事が免れないような場合には、まず、落ちないように信頼性高く運用し続ける（飛び続ける）ことに重点を置く運用安全の重視から始まりました。そして、現在のように設計の段階から予防安全が徹底されると共に、シートベルトや避難体制などの衝突安全が重視されるようになりました。以上のようなシステムの特徴により、異なった安全確保のステージの歴史を経て現在があると考えられます。

(2)　事故に至るプロセス

次に、機械と人間とが接触することで災害が発生するような場合を想定して、事故に至るプロセスを考えてみます（図表３-４）。

まず、機械などに存在している危険源と人間とが、別々に存在していれば、人間が危害に遭う心配はありません。しかし、現実はそうはいきません。機械の修理、点検等の時やロボットの教示（人間が一緒になってロボットに仕事を教える）などでは、機械が動く可能性がある状態、す

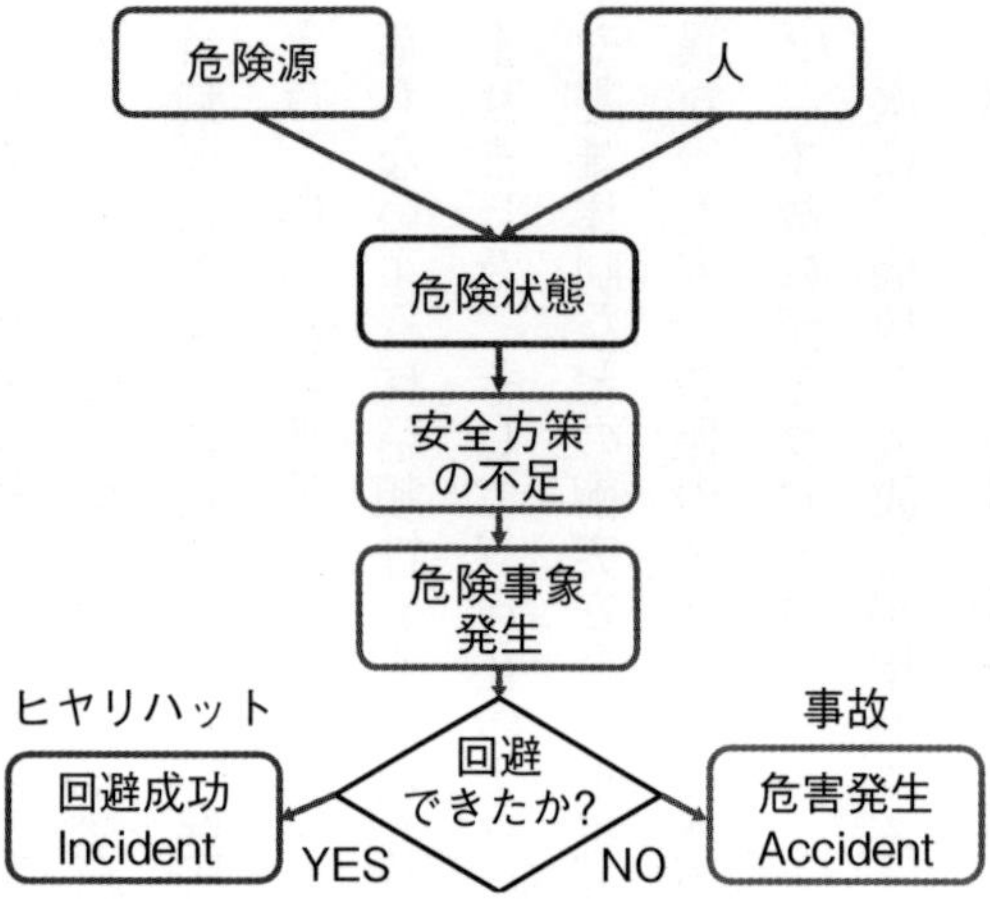

図表3-4　事故に至るプロセス

なわち電源等のエネルギーを導入したままで、人間が危険源に近づかなければなりません。多くの機械設備では、例えば介護機器のように、また自動車などのように、人間と機械とが一緒にいるのが常なのです。このように、危険源と人間とが一緒になった状態を「危険状態」と呼びます。危険状態になったからといって、必ず危害が発生するわけではありません。危険状態で、安全方策が不足した時、すなわち、人間が間違えた時や機械が故障したり安全方策が不十分だったりしたとき、危害が発生する可能性が出てくるのです。この段階を「危害事象の発生」と呼びます。この時に、人間の機転で災害を免れることができる場合があります。例えば、危害の大きさが徐々に大きくなりだすような場合、人間が気付いて逃げ出せる場合があるからです。しかし、爆発のような場合には、逃げるゆとりはないでしょう。危害の発生を回避することができたとき、**図表3-4**には回避成功と書いてありますが、私たちは、ヒヤリハットと呼びます。危なかった、運が悪ければ被害に遭っていたということです。そうでないときには、本当に危害が発生してしまいます。これが事故です。なお、前者のヒヤリハットをインシデント（Incident）、後者の事故をアクシデント（Accident）と呼んで区別することもあります。

３-３　安全技術者にとっての安全学(6)

安全学の視点からは、安全管理者、安全技術者、安全教育者の実務担当者にはそれぞれ深い役割と責任があります。ここでは、安全技術に焦点を当てて、以下、紹介することにします。

安全の実務担当者の中でも、技術で安全を確保する役割の人が安全技術者でした。安全技術者が知っていなければならない技術的な事項はたくさんあります。例えば、**図表３-４**での各ステップで、安全技術者の役割を考えてみましょう。この図の各ステップは、事故に至らない、すなわち安全を確保するための色々な手段があることを示してくれます。例えば、まず、人と危険源を一緒にしないことです。人がいなくて機械のみが動いているのが「無人運転」や「自動化」です。これは安全確保の究極の一つです。人が機械に近づかなければならないときに、機械の電源を切ってエネルギーという危険源をなくしているときのみに人が近づくようにすることは、通常、「停止の安全」と呼ばれる典型的な安全確保の状態です。危険源と人間とが物理的に近づけないように防護柵などで隔離しておくのが「隔離の安全」で、これも典型的な安全確保の状態です。このような状態のみであれば、危害は発生しません。すなわち、危険状態を作らないことが安全確保の第一で、技術的にこの状態を作ることは、安全技術者が考えるべきことです。

次に、リスク低減のための安全方策を十分に施しておく役割があります。機械設備が壊れないように信頼性高く作っておく（フォールトアボイダンス）、部品の一部が壊れた場合にはエネルギーがゼロになるような安全側に壊れる（フェールセーフ）、部品の一部が壊れても他の部品でカバーする（フォールトトレランス）、安全装置などを用いてシステムを止めたり人間に知らせたりする（安全防護方策）、コンピュータを使って安全側に制御する（制御安全、機能安全）等々があります。ここが安全技術者の腕の見せ所です。最後に、危険事象が発生しても、人間が回避できる道筋、危害が発生しないような道を残しておくように設計することは、最後の大事な安全方策です（衝突安全は、この一部でしょう）。

前述の衝突安全のように、危険事象が発生して物は壊れても、隙間などを作って人間の命が救われ、けがをしないような構造等を考慮することは、安全設計者にとって大事な発想です。この場合、物の損害を安全の対象とする危害の中に入れてあれば、これは事故です。しかし、危害は身体的な傷害のみを対象とするとしたときには、けが等がなければ、ヒヤリハットかもしれません。安全の危害の中に何を含めるかによって異なります。人命と損害の両方を含める場合には、その価値の順番を考えて、設計することが大事となります。もちろん、その他の多くの種類の危害を対象とする場合にも、この価値の順番は大事となります。

このように、安全技術者の役割は非常に多くあります。ここでは、全ての安全技術者が常識と

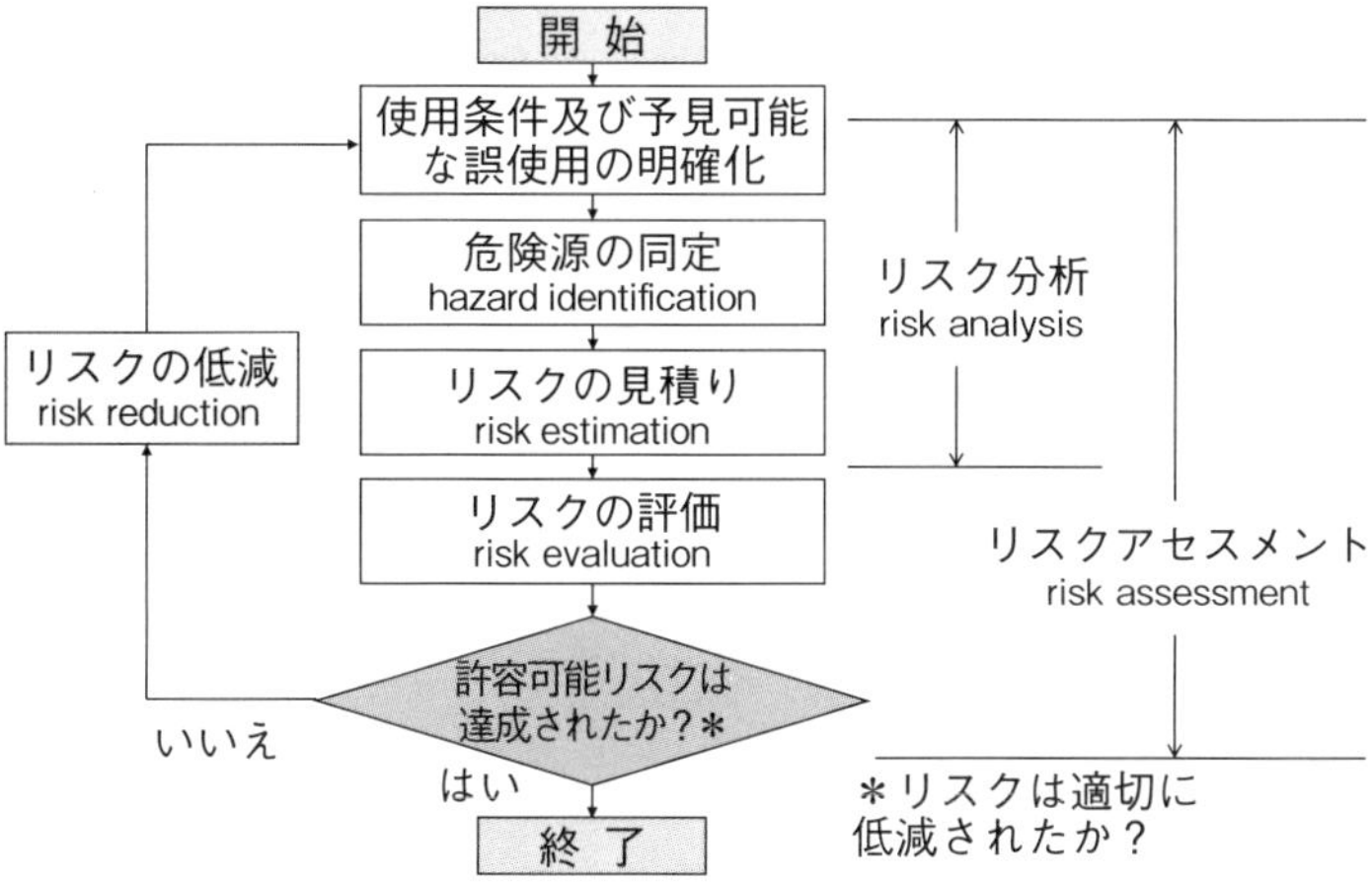

図表3-5　リスクアセスメントの手順（ISO/IECガイド51199）[7]

して知っていなければならない安全技術を二つだけ紹介したいと思います。リスクアセスメントとスリー・ステップ・メソッドです。

(1) リスクアセスメント

全ての安全の実務担当者に共通しますが、特に、安全技術者にとって大事な考え方に、リスクアセスメント(risk assessment) があります。**図表3-5**[7]に示すように、機械設備を設計、製造、使用する前に、使用条件を明確にして、存在する危険源を洗い出し、危険源ごとにリスクの大きさを評価し、許容可能なリスクに達していなかったら、リスク低減方策を施し、全ての危険源に対して許容可能なリスクに達したら、安全であるとして、設計してよろしい、製造してよろしい、使用してよろしい、ということです。そして、施した対応の内容を文章として残しておくことです（詳しくは参考文献[8]を参照してください）。

なお、安全技術者としても、設計者（上流側）、イン

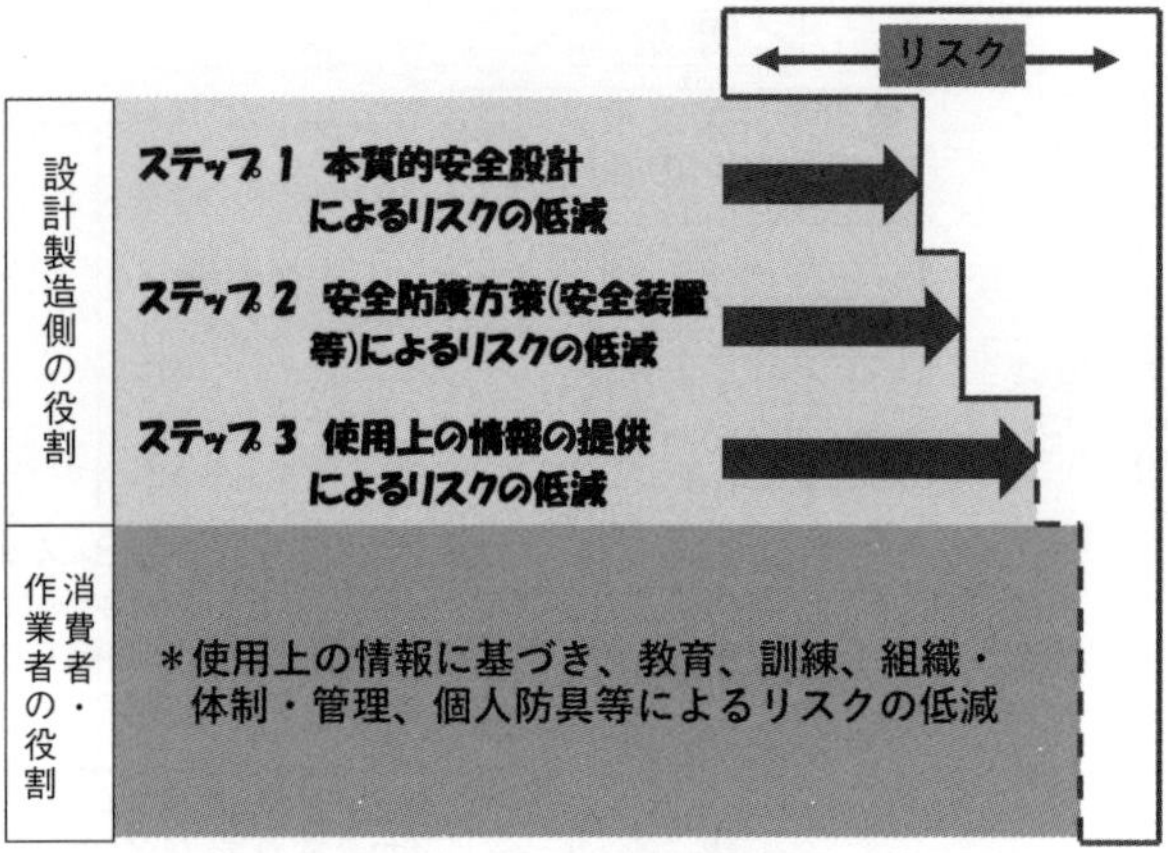

図表3-6　スリー・ステップ・メソッド

テグレーターや生産技術者（設置側）、および現場の作業者（作業側）の立場がありますが、リスクアセスメントの手順や考え方は全て同じでも、具体的な内容はそれぞれ異なることに注意してください。

(2)　スリー・ステップ・メソッド

次に、安全技術者にとって必須な手法であるスリー・ステップ・メソッド（**図表3-6**）について説明しましょう。安全な機械設備を設計するには、まず、本体そのものを安全に設計せよというのが、ステップ1の本質的安全設計です。危険源を除去したり、事故が起きた時の危害のひどさを小さくするためにエネルギーをできるだけ小さくしたり、修理で人間と機械設備が一緒にならなくて済むように信頼性高く作ったりすることです。次に、それでも残っているリスクに対して、人間が近づかないように柵を設けたり、安全装置を付けたりして守るというのが、ステップ2の安全防護方策です。それでも残ったリスクに対しては、ステップ3の使用上の情報として、正しい使用法や注意事項などを使用者に提供し、使用者自身に安全の確保を委ねることです。このリスク低減方策の順番を順守しなければいけません。設計してから危ないと気が付いて、または事故が起きてから安全装置を付加したり、ひどい時には警告や注意書きのみにしたりするのは、間違ったリスク低減方策です。

以上のリスクアセスメントやリスク低減方策の具体的な方法については、ＩＳＯ／ＩＥＣガイド51(7)やＩＳＯ１２１００(9)等の国際安全規格に詳しく規定されています。安全技術者としてぜひ、勉強してください。

安全技術者には、特に重要な役割があります。これまで述べてきたように、再発防止より未然防止を重視することです。技術が進歩し、大きなリスクに起因する災害に対しては、取り返しがつかず、起きてから学ぶというのでは遅すぎるようになってきているからです。安全技術者は、前もって設計の段階でリスクを洗い出し、リスク低減策を施し、残留リスクを開示して、最終的な製造や受容の判断を経営者や社会の判断に委ねるという重要な役割と責任があります。安全技術者は、この面から大いに企業や社会の発展に貢献することができるのです。

３-４　実務担当者の安全学のまとめ

安全の実務担当者という聞きなれない言葉を用いましたが、管理者として、技術者として、そして教育担当としての安全の実務担当者にはそれぞれの役割があります。安全学の視点から言えば、これらの三者が、全体の安全確保の構造の中で自分の役割を明確に自覚しながら、時には他の役割との領域を超えてお互いに協力をしながら、全体的な、統一的な、そして総合的な視点から調和して安全の確保を実現しなければなりません。安全の実務担当者の中に、経営者と現場の作業者を入れなかったのには訳があります。経営者は理念を明らかにして進むべき方向性を示し、作業者はその実現に現場で懸命に努力をします。働く人にとって最も大事な安全の確保に関して、安全の実務担当者には、専門家として、経営者と現場作業者との間に入って、橋渡しをするという重要な役割があるということを知ってほしかったからです。

なお、実務担当者の中で、主として技術者に対する役割について述べてきましたが、管理者や教育担当については省略を致します。さらに、本来は、労働災害の被害を受ける当事者である作業者の安全における役割について述べるべきですが、これについては、内容が大変多く、別の機会に譲ることにしたいと思います。

第４章　機械安全と労働安全衛生マネジメントシステム

これまでは、安全学について紹介してきました。これ以降は、安全学に基づいて、本書の趣旨である労働安全衛生の最新動向について、安全の国際標準とともに話をしていきましょう。まず、安全の国際標準から始めます。

４－１　安全と標準

安全は、人類の世界共通の願いです。従って、安全に関連する国際標準には実に多くのものがあります。これまでの長い歴史の中で、分野別、製品別、領域別等々にそれぞれに定められている国際標準の中には、安全に関する項目が多く含まれています。参考のために現時点で、国際標準を議論しているＩＳＯとＩＥＣの専門委員会であるＴＣ（Technical Committee：技術委員会）で、名前に安全が付いているものをリストアップしてみました（**図表４－１、４－２**）（ＴＣの分科会の中には、安全の名前が出てくるものもたくさんありますが、それは省いてあります）。ついでに、ガイドについても安全の名前がついているものを**図表４－３**に示します。

実際には、名前に安全が付けられていないＴＣの中で、多くの製品やシステムについて安全が議論されています。例えば、食品安全マネジメントシステムはＩＳＯ ＴＣ34（食品）、コンピュータを使った機能安全はＩＥＣ ＴＣ65（工業用プロセス計測制御）、自動車の安全性はＩＳＯ Ｔ

C22（自動車）で取り扱われています。これ以外にもたくさんあります。なお、セキュリティに関するものもありますが、ここでは省略をしています。

安全に関する国際標準について全て紹介するゆとりはありませんが、**図表4-1～4-3**のTCの中で、著者が関係してきたものが三つありますので、それについて、これまでも時々言及してきましたが、簡単に紹介しましょう（太字で示してあります）。一つは、**図表4-3**のISO／IEC GUIDE 51[7]です。この内容については、これまでしばしば紹介してきましたので、

TC番号	題目
TC 92	火災安全
TC 94	個人安全ー個人用保護具
TC 145	図記号、標識および安全識別
TC 181	おもちゃの安全性
TC 185	超過圧力に対する保護用安全機器
TC 194	医療機器の生物学的安全性および臨床評価
TC 199	**機械類の安全性**
TC 241	道路交通安全マネジメントシステム
TC 254	遊園地の乗物および装置の安全性
TC 283	**労働安全衛生マネジメント**

図表4-1　名前に安全が付されているISOのTC

TC番号	題目
TC 44	**機械類の安全性ー電気的側面**
TC 61	家庭用電気機器の安全性
TC 66	計測、制御および研究用機器の安全性
TC 76	レーザー機器の安全性
TC 108	オーディオ・ビデオ、情報技術、通信技術分野における電子機器の安全性
TC 116	電動工具の安全性

図表4-2　名前に安全が付されているIECのTC

TC番号	題目
ISO/IEC GUIDE 50	安全側面ー規格およびその他の仕様書における子供の安全の指針
ISO/IEC GUIDE 51	**安全側面ー規格への導入指針**
IEC GUIDE 104	安全出版物の作成並びに基本安全出版物およびグループ安全出版物の使用
IEC GUIDE 116	定電圧機器に関する安全関連リスクアセスメントおよびリスク低減の指針

図表4-3　名前に安全が付されているガイド

ここでは、残りの二つ、機械安全（ＩＳＯ　ＴＣ１９９およびＩＥＣ　ＴＣ44）、および、労働安全衛生マネジメント（ＩＳＯ　ＴＣ２８３）に関する規格を取り上げたいと思います。

なお、余談ですが、標準、規格、基準等の区別について、私は、次のように分けて考えることにしています。標準とは、一般的なルールのことで、審議を経て決められたもの（ディジュールスタンダード）や歴史的に決まってきたもの（ディファクトスタンダード）などがあり、規格とは、正規の機関で審議され、合意に基づいて決められ、文書化された〝取り決め〟のことです。基準は、法律などで引用されて守ることが指定されている規格を特に基準と呼ぶことにしています。基準は、最低限守らなければならないレベルを表しています。ＩＳＯやＩＥＣの規格の中で、欧州のＣＥマーキング制度で指定されているものは、基準になります。以上の標準、規格、基準には、業界で、国で、そして国際的に、それぞれ定められているものがあります。**図表４-１～４-３**はすべて国際標準であり、**図表４-１～４-２**は国際規格です。ガイドラインは、自主的に順守することが推奨されたものでありますので、国際標準であっても、国際規格ではないと考えています。ただし、この区別は明確ではなく、現実には、入り混じって使われていますので注意してください。英語では、通常、これらは全てスタンダード（standard）と呼ばれる場合が多いのです。

4-2　機械の安全設計に関する世界標準

働いている人が職場でけがをする、ひどい時には亡くなってしまうような労働災害をいかに少なくするか、これは産業革命以来のわれわれの課題でしょう。働く人が注意して自分の身は自分で守るのは当然として、第一に考えるべきは、機械設備側をなるべく危なくないように設計・製造することでしょう。このためには、技術でもって安全な機械設備を実現するという安全技術が重要になります。長い間の労働災害の歴史を通じて、事故から学ぶことによって、機械設備に対して事故を起こさない構造、事故を起こしそうになったら使用者に知らせる構造、本当に危なくなったら機械設備を止める構造等々の安全技術が開発され、経験が積み重ねられてきました。産業革命を最初に経験した欧州では、それこそ血と涙と汗の長い間の技術者の懸命な努力で、各種の安全技術が開発され、積み重ねられてきました。

これらの安全技術は、広く知ってもらうことで労働災害を減らすという願いによって、欧州規格（EN規格）として定められてきました。その有効性が広く知られるようになると、また一方では、標準戦争で有利に立ちたいという思惑もあってか、これを世界標準にすべくISOに提案されました。それで発足したのがISOのTC199（機械類の安全性）であり、IECのTC44（機械類の安全性―電気的側面）です。安全技術開発の長い歴史の中で、非常に多くの安全技術関係の規格が開発・提案されてきました。それらを整理し、体系化したのが、現在、ISO12100を頂点とする機械類の安全性に関する規格です。

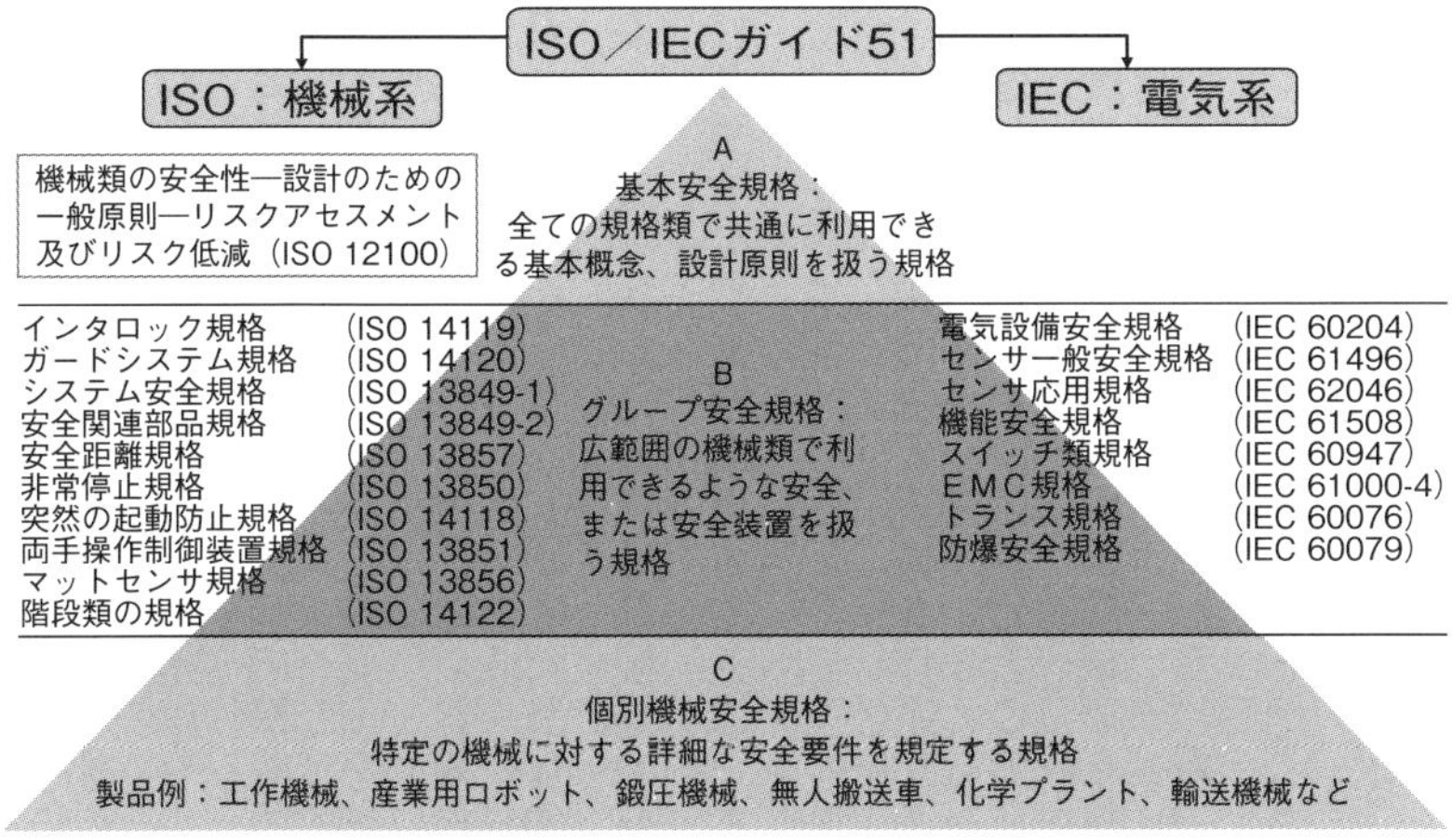

図表4-4　機械類の安全性に関する規格類の階層構造

図表４-４に機械類の安全性に関する体系化された規格の代表的なものを示しておきます。これは見事に階層化され、体系化された構造になっています。安全に関する規格を作成するためのＩＳＯ／ＩＥＣガイド51[7]（これは機械だけでなく、さらに幅の広い製品、システム、サービス全般を対象としています）に従い、機械の電気系に関することは、伝統的なＩＥＣで、それ以外はＩＳＯで規格が検討、作成されています。

まず、なぜ三層構造になっているかを説明しましょう。Ａ規格または基本安全規格といわれるものが、最上位に位置しています。これは、全ての規格で共通に利用できる基本概念と設計原則を規定しています。実際には、Ａ規格は一つしかありません。それがＩＳＯ１２１００（機械類の安全性─設計のための一般原則─リスクアセスメント及びリスク低減）[9]です。第二層目がＢ規格またはグループ安全規格と呼ばれるもので、広範囲な機械で利用できる安全規格や安全装置の規格が所属します。個別の機械についてはここでは出てきません。第三層目が、C規格または個別機械安全規格であって、これが個別の機械ごとの安全規格なのです。ここに所属する規格は機械ごとに定められますので非常に多くあります。C規格はB規格を用いて個別に決められ、B規格はA規格に則って規定されるのです。従って、個別の機械の規格（C規格）を基本からしっかりと理解するためには、本来、使用しているB規格の原理を知らなければならず、その前に、A規格の原理を知らなければならないのです。現実には、B規格を用いていれば、その原理が分からなくても安心という使われ方をしています。しかし、具体的な機械の設計には、機械ごとの個別の事項があり、それらを安全に設計するためにはB規格の原理を、さらにはA規格の原理を知らなければならないことになります。機械を設計する人は、本来は少なくともA規格であるＩＳＯ１２１００は勉強してほしいと思います。

さて、機械関係の規格が体系化され、階層化されている理由は、全体で整合性を持たせ、統一性を持たせることができるところにあります。全体の安全の思想に統一性を持たせることは極めて大事なのです。個別の機械から規格を決めていくと、最終的に他の機械と規格が合わなくなったりして、それぞれバラバラになってしまう可能性があります。そのためには、基本規格があって、その下に共通規格があって、その下ではじめて個別の規格が制定されるという三層構造は、必然的なのです。国に憲法、法律、規則があるごとくです。また、この体系の良さとして、全ての機械に対して、（すなわち包括的に）適用できるというメリットがあることも忘れてはいけません。C規格がない機械に対しては、A規格の精神に則り、B規格を用いることで規格に則ったことになるからです。規格がない機械に対しては、常に、そうしなければならないのです。C規格がまだできていないから、自由に設計、製造してよいとはならないのです。従って、新しい機械が出現した時にも、その機械に対しては、既に大枠でAおよびBという規格が存在していることになります。そして、その新しい機械に対して、経験を積んで、具体的なC規格が制定されるという歴史を踏むことになります。また、新しい安全技術が開発されたときにも、同様に柔軟に対応することができます。新しい安全技術を個別の機械に適用させようとするとき、その機械のC規格にその技術が記載されていないから使ってはならないなどということはありません。その技術が、A規格、B規格の精神に沿っていれば、C規格に書いてなくても適用可能になります。

最後に、だいぶ古い話ですが、二〇一四年に改正されたＩＳＯ／ＩＥＣガイド51に出てきた概念を紹介しましょう。それは、消費者側からの意見を取り入れて「被害を受けやすい状態にある消費者（Vulnerable Consumer）」という言葉が入ったことです。通常、「脆弱な消費者」と訳されることが多いのですが、ここでの本意は、消費者だけでなく、年齢、理解力、身体的・精神的な状況や限界、製品安全情報にアクセスできない等の理由によって、製品またはシステムから危害のより大きなリスクにさらされている使用者が存在するので、企業は、今後、適切に対応をしていかなければならないという趣旨です。ＳＤＧｓでいうところの弱者やダイバーシティへの配慮です。消費者製品では昔から言われていましたが、職場で使われる機械に関しても、使用者の多様性を考えて、これに対応していかなければならない時代になったのです。規格にも、従来からのヒューマンエラーだけでなく、このような人間的なファクターが入り始めたことは注意すべきことです。

4-3　労働安全衛生マネジメントシステムに関する世界標準

次に、労働安全衛生マネジメントシステム（ＯＨＳＭＳ）の規格が、国際標準となるまでの経緯を**図表４-５**に従って紹介しましょう。

労働災害の防止のために、わが国に労働安全衛生法が制定されたのは一九七二年で、英国より二年早くでした。一方、英国が、労働安全衛生に企業のトップを巻き込んで〝仕組み〟として取り組むためのマネジメントシステムを英国規格ＢＳ８８００として制定したのは、一九九六年でした。これは、品質管理などでマネジメントシステムの標準で世界をリードしてきた経験に沿ったものでした。もちろん、認証を含めたビジネスモデルが背景にありました。労働安全衛生マネジメントシステムの重要性は理解していましたが、認証には積極的でなかったＩＬＯ（国際労働機関）は、二〇〇一年に自主的に順守することを期待して「労働安全衛生マネジメントシステムに関するガイドライン」を発行しました。ここでも、わが国の厚生労働省は、その二年前に、「労働安全衛生マネジメントシステムに関する指針」を公布していました。

欧州を中心にＢＳ８８００に基づいて開発された規格ＯＨＳＡＳ１８００１（労働安全衛生マ

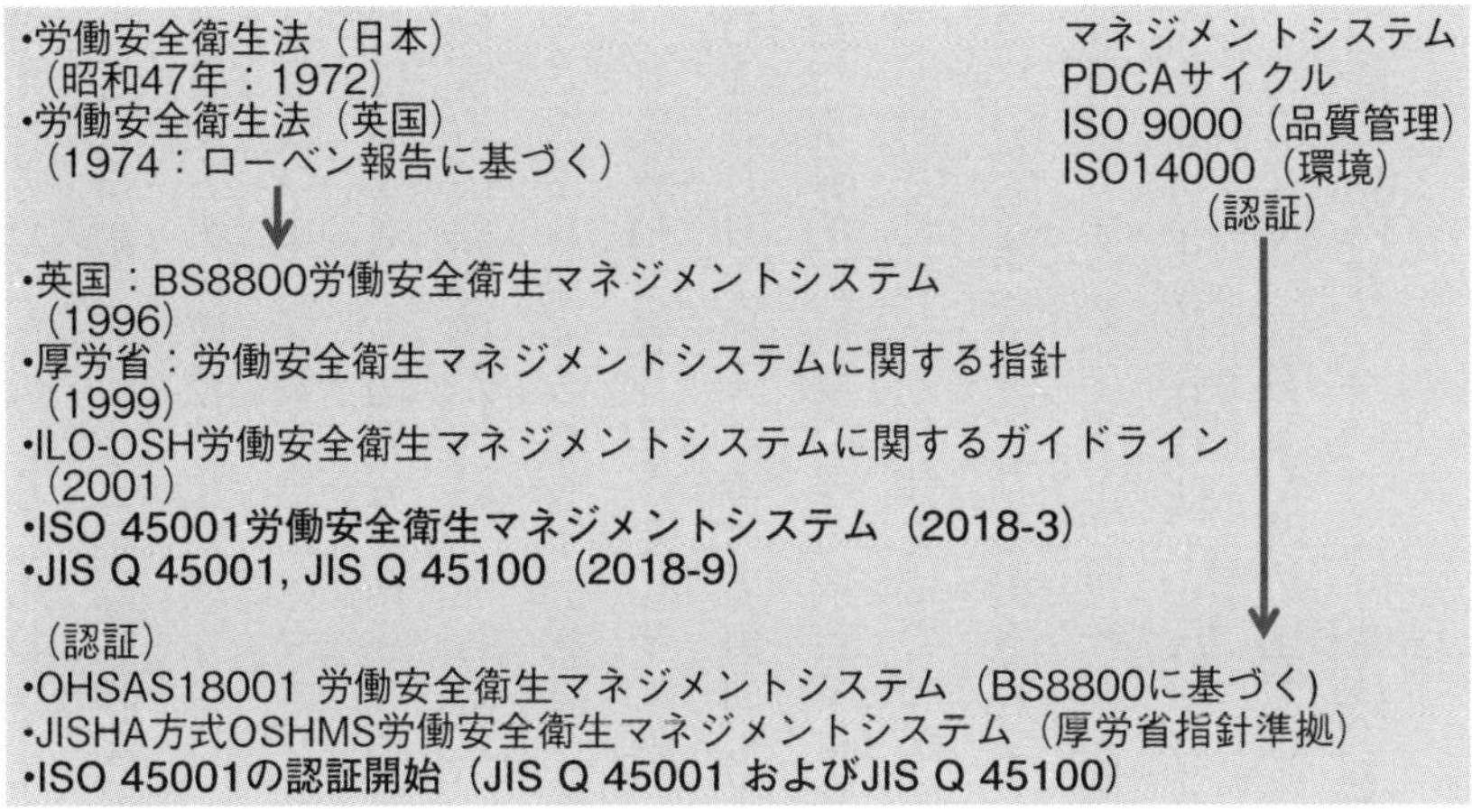
•労働安全衛生法（日本）
（昭和47年：1972）
•労働安全衛生法（英国）
（1974：ローベン報告に基づく）
マネジメントシステム
PDCAサイクル
ISO 9000（品質管理）
ISO14000（環境）
（認証）
•英国：BS8800労働安全衛生マネジメントシステム
（1996）
•厚労省：労働安全衛生マネジメントシステムに関する指針
（1999）
•ILO-OSH労働安全衛生マネジメントシステムに関するガイドライン
（2001）
•ISO 45001労働安全衛生マネジメントシステム（2018-3）
•JIS Q 45001, JIS Q 45100（2018-9）
（認証）
•OHSAS18001 労働安全衛生マネジメントシステム（BS8800に基づく）
•JISHA方式OSHMS労働安全衛生マネジメントシステム（厚労省指針準拠）
•ISO 45001の認証開始（JIS Q 45001 およびJIS Q 45100）

図表4-5　ISO45001労働安全衛生マネジメントシステムが制定される経緯

ネジメントシステム）の認証が始まり、わが国でも厚生労働省の指針に従った認証を中央労働災害防止協会が、ＪＩＳＨＡ方式ＯＳＨＭＳ労働安全衛生マネジメントシステムとして開始しました。しかし、これらはローカルなものであって、決して国際標準ではありませんでした。

世界的にＯＨＳＡＳ１８００１を取得する企業が増えてきたことによって、英国は、ＩＳＯに対して、ＯＨＳＭＳの国際標準化を何度も提案しました。しかし、ＩＬＯの反対もあって、ＩＳＯでの国際標準化は長い間実現されてきませんでした。なぜ、ＩＬＯがＯＨＳＭＳの国際標準化に反対してきたのでしょうか。その理由には、ＩＬＯが長年にわたってこの分野をリードしてきたこと、労働安全衛生はこれまで政府、労働者、企業側が共同して合意を得ながら推進してきたこと、国により、法律、制度、習慣等の違いが存在すること、認証は労働安全衛生にはなじまないこと等の理由から、国際規格の面だけからのＯＨＳＭＳのＩＳＯ規格化は、適切でないと考えてきたことによると思われます。もっともな点もありますが、メンツの面もありそうです。ところが、二〇一三年にこれまで協調していなかったＩＬＯとＩＳＯとが覚書を交わして、ＯＨＳＭＳの国際標準化に取り組むことになったのです。そして、遂に、二〇一八年三月にＩＳＯ４５００１（労働安全衛生マネジメントシステム）が発行されました。それと同時に、ＩＳＯにはＴＣ２８３（労働安全衛生マネジメント）が設置され、積極的に労働安全衛生マネジメントに関する国際標準が検討、発行され、現在に至っています。

このＩＳＯ４５００１の審議において、わが国から労働安全衛生法で定められている内容や、ゼロ災運動で養ってきたＫＹ活動、５Ｓ運動、指差呼称等のわが国の誇るべき現場の活動をＩＳＯ４５００１に入れるべく何回も提案をしましたが、受け入れられませんでした。ローカルな問題で世界的に展開できる内容ではないという理由からでした。これらが抜けた国際標準がわが国で展開されると、これまでのわが国で養ってきた重要な現場活動をないがしろにする企業がでてきてはうまくないと心配されました。そこで、ＩＳＯ４５００１のＪＩＳ化（ＪＩＳ Ｑ ４５００１）の制定と同時に、わが国の活動も取り入れたＪＩＳ Ｑ４５１００が制定されました。ＪＩＳ Ｑ４５１００はＩＳＯ４５００１の内容を全て包含しています。

ここまで、ＯＨＳＭＳの国際標準化の経緯を紹介してきましたが、ＩＳＯ４５００１そのものの詳しい内容については、ぜひ、文献[10]、[11]を参照してください。

４-４　心理的な安全衛生の国際標準―ＩＳＯ４５００３

ＩＳＯ ＴＣ２８３では、労働安全衛生マネジメントに関する標準について活発に検討していると述べました。その現状については、他で報告[12]していますが、ここでは、その中でも特に特徴的で興味深い、まえがきでも簡単に紹介をしましたが、ＩＳＯ４５００３（職場における心理的健康と安全―心理社会的リスクを管理するためのガイドライン）[13]について、簡単に紹介しましょう。このガイドラインは、すでに二〇二一年六月に発行されています。職場で働く人のメンタルヘルス等の精神的健康、または心理的健康を守ることを主な対象としています。このガイドラインには、職場における「心理社会的性質の危険源」による「心理社会的リスク」を管理し、「ウェルビーイング」の促進を目的とすると記されています。難しい言葉が並んでいますので、その定義を**図表４-６**にまとめておきます。

要は、働く人の心理社会的危険源を管理することによって、働く人は、安全で健康、ウェルビーイングが高まり、組織は、生産性が上がり、コストが抑えられ、評判を損なうことがない、ということです。管理が悪いと、働く人にとっては、

(1)　不健康および関連する状態（例えば、心血管疾患、筋骨格系疾患、糖尿病、不安、うつ病、睡眠障害）、
(2)　不健康な行動（例えば、薬物乱用、不健康な食事）、ならびに
(3)　仕事の満足度、コミットメントの低下

項目	定義
心理社会的リスク	心理社会的危険源へのばく露の発生確率並びにこれらの危険源によって生じる可能性がある負傷および疾病の重大性の組み合わせ
心理社会的危険源	①作業の編成、②職場の社会的要因、③労働環境、設備および危険な作業、の三つの側面がある（具体例は規格参照）[13]
ウェルビーイング	仕事に関して働く人の身体的、精神的、社会的および認知的ニーズおよび期待を満たすこと

図表4-6　職場での心理社会的リスク、心理社会的危険源、ウェルビーイング

が生じます。組織にとっては、働く人が、欠勤、離職、製品またはサービスの質の低下、採用および訓練、職場調査および訴訟、等によって

(1)　生産性の低下、
(2)　コストの増加、ならびに
(3)　組織の評判への損害

という危害が生じるとしています。

心理社会的危険源の内容については、ぜひ、本ガイドライン[13]を参照してください。

4-5　安全学から見た安全の国際標準の動向・安全・安心へ

国際標準の対象分野は、当初の工業規格（ISOの最初の規格は、ご存知の通りTC1の〝ねじ〟でした）から変化して、システムへ、そしてサービスへと広がってきています。次の方向は、明らかに人間を対象にした身体、病気、心身の傷害、健康、心・意欲・生きがいの方

向に向かうと考えられます。先に紹介した国際標準ＩＳＯ４５００３には、ウェルビーイング（well-being）という言葉が三十五回も出てきています。これは、第1章でも述べたように、安全の標準は、肉体的な安全から精神的な健康へ、そして次に心の充実を目指していると考えられます。労働安全衛生の内容がなぜウェルビーイングにまで及びつつあるのでしょうか。第三次産業の進展のために、安全の実現を原点としていますが、働く人の対象の範囲が広がり、死亡事故よりは、メンタルを含めて精神的な問題の数が増加しだしたことにあると考えられます。しかし、安全学の視点からすれば、安全⇓健康⇓ウェルビーイングという流れは、当然の流れであると考えられます。安全は、技術、組織に続いて人間的側面まで行って完成すると考えるからです。

第5章　労働安全衛生の最新動向　～ビジョン・ゼロと協調安全～

最近、安全に関する新しい考え方が出てきて、世界的な潮流になりつつあります。その中から、労働安全衛生の最新動向に関する動きを二つ取り上げてみたいと思います。一つは、「ビジョン・ゼロ」と呼ばれる労働安全衛生活動であり、他の一つは、それにつながる「協調安全」・「Ｓａｆｅｔｙ２・０」と呼ばれる安全技術に関する新しい考え方です。

5-1　ビジョン・ゼロ活動について

「ビジョン・ゼロ」（Vision Zero）というスローガンは、元々は、欧州において交通事故の撲滅のために掲げられたものだったと聞いています。これが現在、労働安全衛生に関する活動目標として、ビジョン・ゼロ活動の名称のもとに、世界的な潮流になりつつあります。

ビジョン・ゼロとは、労働災害をゼロにするという直接的な目標を掲げているのではなく、労働災害の発生ゼロに向けてのプロセスを意味していて、災害ゼロに向けての〝旅（journey）〟という言い方がされています。直接、災害をゼロにすることを目標としてしまっては、現実的に当面は実現困難な目標で形だけになったり、たとえ無災害を続けていてもひとたび事故が起きてしまえば、この目標はその時点で達成されないことになったりします。今すぐには実現ができなくても、また、たとえ事故が起きてしまっても、各組織のそれぞれの規模や事情に応じて、災害ゼロに向けてのプロセスを着実に進めていこうということを意味しています。

ビジョン・ゼロと聞くと、日本の労働安全衛生に関わってきた人には、ゼロ災害を目指す〝ゼロ災〟運動を思い起こす人が多いのではないかと思います。事実、ビジョン・ゼロの先駆的活動であったゼロ・アクシデント・ビジョン（Zero Accident Vision）は、フィンランドから始まったものなのですが、企業全体が一体となって働く人の災害ゼロを目指す運動であって、日本のゼロ災運動に刺激されて始まったと言われています。このゼロ・アクシデント・ビジョンは、フィンランドから欧州全般に広がり、発展・進化して、ビジョン・ゼロ活動となったのです。最初のゼロ・アクシデント・ビジョンは、安全、すなわち働く人の身体的なけがや傷害をなくすことを主な目標としていましたが、ビジョン・ゼロ活動になると、安全だけでなく、安全（Safety）、健康（Health）、ウェルビーイング（Well-being）の３要素を掲げていることに特徴があります（**図表５－１**）。

図表5-1　ビジョン・ゼロの３要素

わが国の労働安全衛生でも、身体的な安全から始まって、身体的な健康とメンタルヘルスのような精神的な健康を対象としてきましたが、ビジョン・ゼロ活動では、その先のウェルビーイングまで目標に入れています。ビジョン・ゼロ活動については、文献[14]を参照していただきたいと思います。

協調安全	人間と機械と環境とがお互いにデジタル情報を共有して、コミュニケーションを通じて、協調して安全を実現すること
Safety2.0	現在、発展しつつあるIoT、AI、画像処理、ビッグデータ等のICT（情報通信技術）を、安全機能の発揮に利用すること

図表5-2　協調安全とSafety2.0

ビジョン・ゼロ活動の新しいところは、前向きな意味でのウェルビーイングを目標に掲げたこと、および、安全、健康、ウェルビーイングを同時に掲げたことにあります。また、これら安全に関連した事項を経営の一環として、企業トップがマネジメントの視野に直接入れるようにしたところにあると思います。

なお、ここでは省略しますが、ビジョン・ゼロでは、実践、推進のために、七つのゴールデンルールと呼ばれるものが示されています[14]、[15]。

5-2　協調安全およびSafety2.0の概念

もう一つの国際標準の大きな技術的な動向について紹介しましょう。それは、安全に関する新しい考え方である「協調安全」、および、新しい安全の技術である「Safety2.0」です。これらは、わが国から提案されている概念です。

協調安全とは、安全学[2]の発想に基づいています。これまでは、技術者、作業者、安全管理者等は、独自の領域として安全確保の努力をしてきましたが、お互いに、オンラインで直接に情報を共有し、協調することはあまりありませんでした。組織体制として、お互いに独立していた面が強かったこともありま

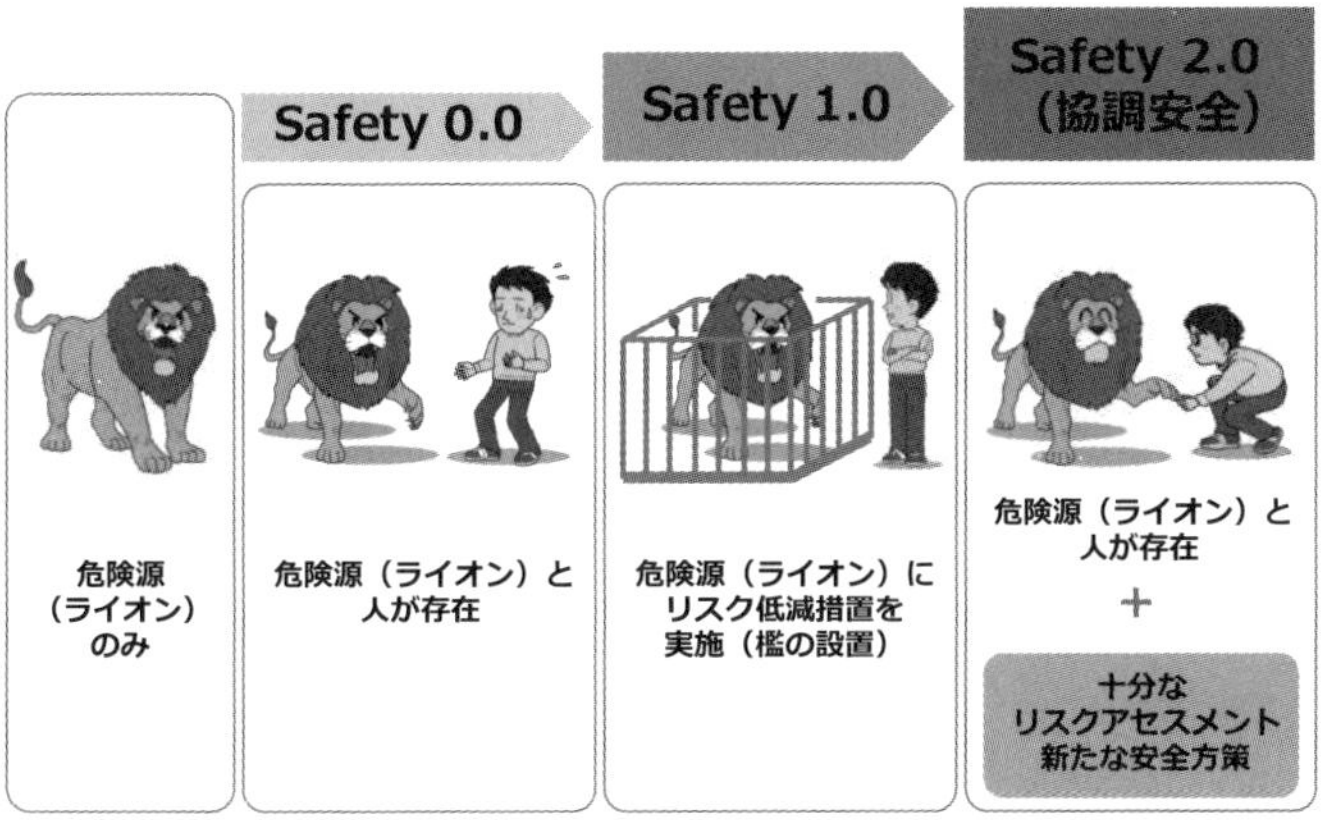

（IGSAP（一社）セーフティグローバル推進機構）作成）

図表5-3　Safety0.0からSafety2.0へ（ライオンモデル）

したが、技術的に難しかった面があったのも事実です。ここで、協調安全とは、人間と機械と環境とがお互いにデジタル情報を共有して、コミュニケーションを通じて、協調して安全を実現するという考え方です（**図表5-2**）。

Safety2・0については、**図表5-3**のライオンモデルで説明しましょう。大昔は、機械設備の危ないところを意味する危険源（ここでは、ライオンで示しています）について、作業者（人間）が注意して、安全確保をしてきました（この時代をSafety0・0と呼びます）。作業者が注意をして自分の身は自分で守ることは、いつの時代でも大前提ですが、人間は、間違えるもので、事故は絶えませんでした。これに対して、技術で安全を守る時代が来ました（この時代をSafety1・0と呼びます）。**図表5-3**では、危険源から人間を柵で隔離して安全確保を実現しています。このような物理的な安全を基本として、機械安全、制御安全、機能安全等を用いて、人間の安全を確保しており、現在はこの時代にあります。ここでの基本原理は、隔離安全（人間と危険源とを隔離する）と停止安全（機械設備を止めた時、すなわちライオンを強制的に眠らせた時にしか人間は近づけさせない）です。Ｓａｆｅｔｙ１・０の最大の欠点は、人間と危険源とが一緒になって仕事をすることができないことです。安全性と生産性が相反する場合があるのです。そこで、近年のＩＣＴ（Information and Communication Technology：情報通信技術）の発展した技術を、安全を実現する機能、すなわち安全機能の発揮に直接用いるという発想が出てきます。例えば、作業する人間の能力や体調を情報発信し、機械設備側にはＡＩ（人工知能）で知的に対応させ、環境を画像で判断することなどを通して、機械と人間とが一緒に仕事をしていても、技術的に安全を確保できるようにすることです。この新しい時代をＳａｆｅｔｙ２・０と呼ぶことにしたのです（**図表5-2**）[16]、[17]。Ｓａｆｅｔｙ２・０のおかげで、この安全学からすると当然の考え方である協調安全が、実現可能な時代に入ったのです。

機械安全の考え方は、製造業で多く採用され、現実に死亡災害の数の減少に貢献しています。その基本は、前述したように隔離の安全、停止の安全です。これは、いつの時代でも安全の基本と考えられますが、現実には、機械設備と人間とを分離して仕事をすることができない産業分野は非常に多く存在します。例えば、建築や農業や福祉の現場等があり、その典型が、自動車の運転でしょう。昔から、自動車と運転手は分離や隔離することはできませんでした。従って、運転するという最も大事な安全機能を、ミスをすることを避けられないのが当然の人間に任せている

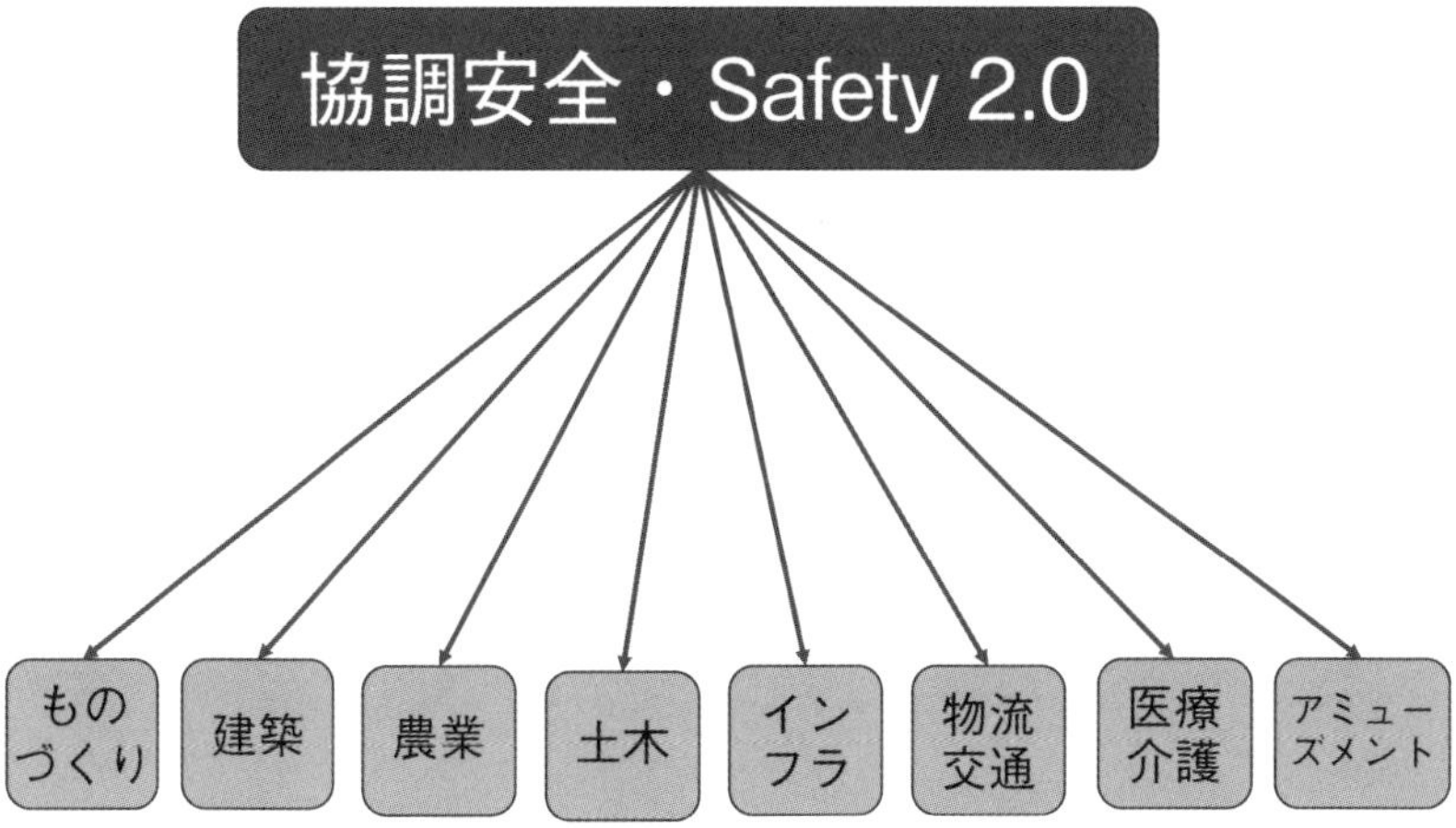

図表5-4　さまざまな産業分野で有効な協調安全、Safety2.0

ために、自動車では、事故を無くすことは極めて困難なのです。このような分野こそ、Ｓａｆｅｔｙ２・０や協調安全の考え方がなくてはならないものとなるはずです。事実、自動車の自動運転は、人間と機械と環境とがデジタル情報を共有して安全を実現している典型的な例と言えましょう。自動車では、運転手である人間が主として注意をして安全を実現していたＳａｆｅｔｙ０・０から、機械安全のＳａｆｅｔｙ１・０の時代を飛ばして、一気にＳａｆｅｔｙ２・０になったのです。これは、ＩＣＴの技術的発展が大きな役割を果たしているのです。

これまで、製造業でのＳａｆｅｔｙ２・０は、生産性と安全性を両立させるために導入されている傾向がありました。しかし、自動車のように、人間と機械とが一緒に仕事をしなければならない分野が非常に多く存在します。そのような分野では、今後、安全確保のために、協調安全やＳａｆｅｔｙ２・０が盛んに導入されていくことは間違いないと思います（**図表５－４**）。

5-3 Safety2・0適合審査とIECの安全白書

安全を担保するために、認証という制度がよく用いられます。通常、認証というと、第三者認証を意味していますが、その前に、新しく動き出している技術やシステムに関して、State of the Art原則に基づき、暫定的な基準を設けてそれに適合しているか否かを認定していくという試みも重要だと思います。審査の実績を積みながら、将来、その基準を国際標準にして、できたら最終的に認証に向かおうという動きです。この精神に則って、日本認証㈱では、Safety2・0・協調安全に関する適合性評価プログラムを制定し、Safety2・0適合審査登録制度を始めています[18]。従って、これは決して厳密な意味での認証ではありません。最初にこのSafety2・0・協調安全に関する適合性評価プログラムに認定されたのは、㈱NIPPOの「自動停止装置を備えたタイヤローラ、ホイルローダ」でした。それ以降、清水建設㈱の「トンネル工事における重機接触災害リスク低減システム」やIDEC㈱の「人・ロボット協働アプリケーションにおける静電容量式センサを使用したロボットシステム」等々の多くの機器やシステムがSafety2・0に適合していると認定されています。

それでは、Safety2・0や協調安全は、将来、国際標準になるのでしょうか。実は、現在、その方向にIECでは動きつつあります。IECでは、毎年、白書（White Paper）を出していて、今後の標準の進むべき方向を提案しています。二〇二一年度の白書では初めて安全を取り上げ、安全に関する白書（Safety in the future）[19]を出しました。この白書の作成には、IEC副会長

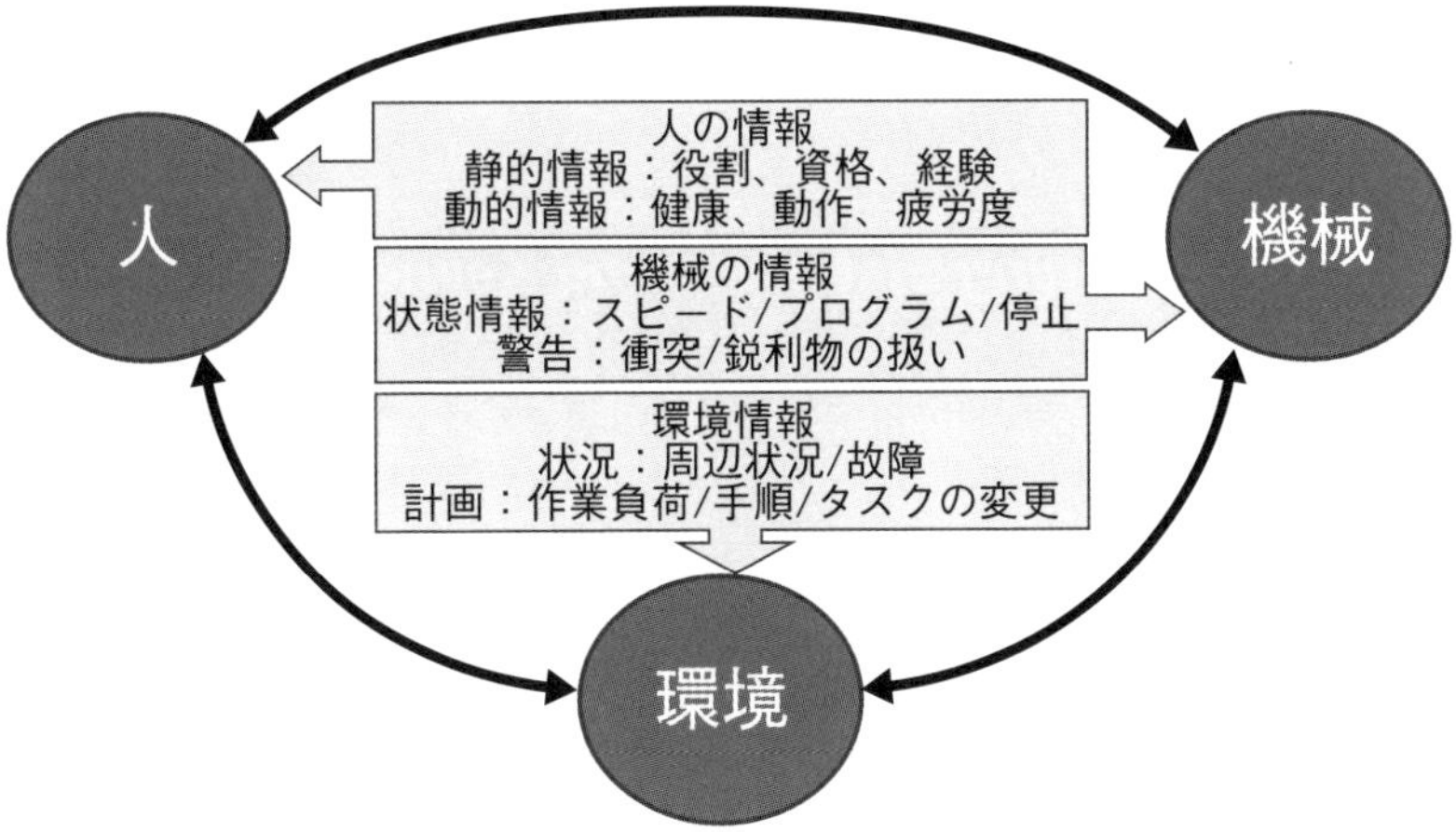

図表5-5　IECの安全白書で示されている人・機械・環境情報

の日本の堤和彦氏（三菱電機㈱）が主導的な役割を果たしました。この白書の中に、Ｓａｆｅｔｙ２・０と協調安全が出てきます。白書は、近未来の標準の在り方を示していますので、近い将来、白書に従い、ＩＥＣでＳａｆｅｔｙ２・０や協調安全が規格化される可能性があります。**図表５-５**は、この安全白書の中で示されている協調安全（collaborative safety）を示している人・機械・環境の情報の図（日本語訳）です。また、この白書には、Ｓａｆｅｔｙ２・０を説明する**図表５-３**のライオンモデルも示されています。

５-４　ビジョン・ゼロ・サミットＪａｐａｎ２０２２の開催

最初に紹介したビジョン・ゼロの活動は、世界的な展開を示し始めました。二〇一九年に世界各国から政府関係の機関が参加して、第一回ビジョン・ゼロ・サミットがフィンランドのヘルシンキで開催されました。わが国

（VZSJ 2022のプログラムより引用）

図表5-6　ビジョン・ゼロ・サミットJapanのオープニング

からは、決して政府を代表などしていませんでしたが、ビジョン・ゼロ活動に賛同した人々が、(独)労働安全衛生総合研究所、中央労働災害防止協会、清水建設㈱、ＩＤＥＣ㈱、そして筆者の所属するＩＧＳＡＰ（一社）セーフティ・グローバル推進機構）などから八件の講演がありました。参加者数は、フィンランドについで二番目の多さでした。これが注目を浴びたためか第二回ビジョン・ゼロ・サミットを日本で開催するように要請されることになりました。これを受けて、当初は、二〇二一年に東京で開催予定でしたが、新型コロナウイルス感染症の世界的な流行のため、一年延期され、直接集まることをやめました。これは逆に良い点もあり、実際には二〇二二年六月に開催したのですが、ＷＥＢでのセッションごとの討論を含めて全て録画開催となり、世界中から同時に、開催期間も含めて一カ月は、遠隔で自由に、いつでも視聴することができるという画期的な国際会議のやり方を見出すことができたのです。

【5月11日】
オープニングセッション
ROOM C：企業におけるビジョン・ゼロの実践
ROOM B：グローバルなサプライチェーンをより安全に
ROOM H：モビリティ・自動車・無人搬送車（AGV）
ROOM K：建設業における労働安全衛生と生産性の向上
ROOM M：感染症対策の経験から学んだ健康・衛生の在り方
【5月12日】
ROOM D：未来のビジネスリーダー ～より健全なパフォーマンスと生産性～
ROOM A：前向き先行指標（Proactive Leading Indicator: PLI）の活用
ROOM Q：ヒューマンファクター
ROOM F：協調安全とロボット工学
ROOM J：製造業における現場での安全衛生活動
ROOM N：ウェルビーイングとSDGs（ESG）
【5月13日】
ROOM E：オンライン学習・教育、資格認定を通じた労働安全衛生能力の向上
ROOM I：安全、健康とウェルビーイングのための国際標準
ROOM G：AI・ICT とデジタル化
ROOM L：農業における労働安全衛生文化の構築
ROOM R：国家戦略としてのビジョンゼロの推進
クロージングセッション

図表5-7　ビジョン・ゼロ・サミットJapan 2022における16のセッションテーマ

参考のために、**図表５-６**に、オープニングセッションの挨拶のメンバーを示しておきます。わが国からは後藤厚生労働大臣、ＷＨＯ（世界保健機関）からはテドロス事務局長等の挨拶がありました。また、**図表５-７**に、十六のセッションのタイトルを示しておきます。各セッションには十五名前後、総勢で約二〇〇名の講演者があり、大変大きなサミットに発展することになりました。国際標準に関しては、例えば、ＲＯＯＭ Ｉで「安全、健康とウェルビーイングのための国際標準」が議論されています。

今回のサミットで画期的だったことは、このサミットを機会に、「ビジョン・ゼロ白書」がまとめられることになったことと、「ビジョン・ゼロ・東京宣言」がなされたことです。東京宣言は、十一項目にまとめられていますが、その詳細は、ホームページ[20]に譲ることとして、ここでは、筆者の主観でまとめた東京宣言の趣旨を安全学からのコメントと共に**図表５-８**に示しておくことに

とどめます。

今回のサミットを契機に、ビジョン・ゼロ活動はさらに世界的な拡大に向けて動きだしました。オープニング、講演内容、クロージング等の内容が素晴らしいという声があり、参加費は有料でしたが、有料期間が終わる二〇二二年六月二十日以降は、要望に応えて、再編成した内容を無料で公開する運びとなりました。興味のある方は、ビジョン・ゼロ・サミットＪａｐａｎ２０２２のホームページ(21)から入って、視聴してください。

5-5　労働安全衛生の最新動向まとめ

本章で紹介した二つの労働安全衛生の動き、ビジョン・ゼロと協調安全、Ｓａｆｅｔｙ２・０は、安全の国際標準化にも同調しはじめています。ビジョン・ゼロ・サミットの講演の中に協調安全に関するものがありましたし、東京宣言の中にも協調安全が出てきているからです。前述したように、協調安全とＳａｆｅｔｙ２・０は、わが国からの提案ですし、ビジョン・ゼロの活動の出発点は、わが国の〝ゼロ災〟運動でした。〝ゼロ災〟が、世界的な活動としての第二回ビジョン・ゼロ・サミットとして、わが国に回帰してきました。どちらもわが国が安全に貢献していることは、素晴らしいことと思います。安全、健康、ウェルビーイングというビジョン・ゼロ活動と協調安全という新しい安全の考え方が、今後、どのように労働安全衛生と安全の国際標準に影響を及ぼしていくかを、ぜひ、興味をもって注視していってほしいと思います。

東京宣言の趣旨	安全学[2]からのコメント
1．安全、健康、ウェルビーイングを予防的、包括的に促進する	安全は、包括的、統一的に考察。再発防止より未然防止を（予防安全の重視）。
2．参加型アプローチであり、変革の過程を支援する	安全は、天から降ってこない（主体的に取り組む）
3．ディーセントワークな労働条件を推進する	安全を前提に、やりがい、生きがいの重視 （安全⇒健康⇒ウェルビーイング）
4．SDGs（8：働きがいも経済成長も、3：すべての人に健康と福祉を、4：質の高い教育をみんなに、17：パートナーシップで目標を達成しよう）に資する	安全を前提に、SDGsへの貢献
5．ILO、ISSAの文書の実施を支援する	安全に関する世界的な標準・動向の遵守
6．労働安全衛生グローバル連合の目的を支援する	安全は、異なった業界、異なった国に学び、かつ、お互いに学び合うもの
7．7つのゴールデンルール、PLI（前向き指標）等の実践的ツールを提供する	安全は、ネガティブよりポジティブに向けて考える
8．人、機械、環境をつなぐ協調安全を用いて安全、健康、ウェルビーイングを促進する	協調安全の重視
9．安全と健康を改善すると共に経済利益を促進する	安全と生産性を両立させる
10．教育、e-learning、資格制度、情報交換等を促進する	セーフティ・アセッサ（SA）、セーフティ・オフィサー（SO）資格制度の整備・充実
11．政府、専門機関、社会保障機関等が重要な役割を果たすことを再認識する	安全は、皆で創るもの

図表5-8　「ビジョン・ゼロ・東京宣言」の趣旨と安全学からのコメント（筆者要約）

第6章　労働安全衛生の動きは安全から健康・ウェルビーイングへ

労働安全衛生は、当初は、前にも述べました通り、体のけがや傷害から守る身体的安全が主でありました。しかし、最近は、身体的な安全を前提に、健康の確保、すなわち身体的な健康と精神的な健康の確保に向けて、そして次に、心の領域であるやりがいや豊かさにまで広がろうとしています。さらに、働く人の全生活面のことを考えて、労働安全衛生の関係する範囲は、技術から社会、文化へと範囲が広がろうとしています。そこには、日本の独自の文化に基づいた安全の考え方、例えば、「安心」などが、大きな役割を果たすようになる時期が来ると考えます。

わが国を含めた先進諸国では、人口減少、地球環境等の問題から、企業にとっての目指すべき指標が、利潤増大、企業規模拡大等から、働く人の満足度、豊かさという心の世界に移っていくのではないでしょうか。そのような向かうべき新しい社会の価値観の一つに、ウェルビーイングがあります。ただし、その基盤は、明らかに「安全」の確保にあるはずです。

6-1　ビジョン・ゼロ・サミットにおけるウェルビーイングと標準化

働く人の安全、健康、ウェルビーイングを掲げた国際会議であるビジョン・ゼロ・サミットＪａｐａｎ２０２２が、成功裏に開催されたことは、前章で紹介しました[21]。十六のセッションがありましたが、その中の一つに国際標準のセッションもありましたので、その発表題目を眺めて

講演名	発表者	所属
素晴らしき新世界ー安全・健康・ウェルビーイングにつながるOSHに関する標準化開発機関（SDOS）	DIETMAR REINERT	IFA
IEC白書“SAFETY IN THE FUTURE”発行への挑戦	堤 和彦	IEC、三菱電機
スマート社会を支えるIECの総合標準化政策・戦略	RALPH SPORER	IEC、SIEMENS
国連SDGSの文脈で考える安全	VIMAL MAHENDRU	IEC
IEC白書“SAFETY IN THE FUTURE”が拓くSAFETY, HEALTH AND WELL-BEING向上のための国際標準化活動	土肥正男	IEC、IDEC
ホリスティックな安全アプローチ	出町公二	産総研
職場における心理的健康と安全：心理社会的リスクの管理	NORMA MCCORMICK	ISO
ISO/CASCOの活動ー適合性審査の信頼性に向けて	中川　梓	日本規格協会

図表6-1　安全、健康とウェルビーイングのための国際標準化（抜粋）

（ビジョン・ゼロ・サミットJapan2022；SESSION I）
座長：梶屋俊幸、IEC　Vice-chair of IECEE
副座長：猿橋淳子（日本産業標準調査会　ISO TMB member）

みましょう（**図表６‐１**）。このセッションⅠの「安全、健康とウェルビーイングのための国際標準化」には、十四の講演がありましたが、その中の八つを図表に示します。

安全、健康、ウェルビーイングに向けての標準化や、ＩＥＣ白書（Safety in the future）に提案されている協調安全（ホリスティックアプローチ）の標準化に向けての提案、および心理社会的リスクの管理などが、盛んに議論されていることが分かります。ここに新しい時代に向けての労働安全衛生に関する標準化の動きを見ることができます。向かうべき方向は、安全、健康、ウェルビーイング、特に、これらの傾向から、今後、働く人々のウェルビーイングが労働安全衛生における最も大事な動向であることが分かります。

	旧概念（結果指標）	新概念（前向き指標）
安全（Safety）	身体的傷害がない	リスクからの解放、リスクを受け入れ、ベネフィットを求めて、自由に行動できる **"安心して"**
健康（Health）	身体的病気、疾病がない	心身共に健全 ②身体的にも、精神的にも、社会的にも良好な状態（WHO）、**"元気で"**
ウェルビーイング（Well-being）	①（メンタル等）精神的障害がない	③やりがい、生きがい、幸福⇒安心 **"意欲的に"**

図表6-2　労働安全衛生におけるウェルビーイング

6-2　安全、健康、ウェルビーイングの旧概念と新概念

わが国の労働安全衛生では、これまで安全、健康が中心でしたが、ウェルビーイングという言葉が用いられていなかったわけではありません。主に、精神的な障害のないことに使われていたように思われます。それは、古い概念としての安全、健康の一環のように思われます（これをここでは旧概念と呼ぶことにします）。これに対して、ビジョン・ゼロで掲げる安全、健康、ウェルビーイングは、新概念として解釈されると考えられます。この関係を**図表6-2**に示しておきます。旧概念での安全は、身体的な傷害を発生させないこと、健康は、身体的な病気や疾病を発生させないこと、そしてウェルビーイングは、精神的な傷害を発生させないこと、のように、〝…でない〟という負（ネガティブ）の側面に目を向けていました。そして、労働安全衛生の評価項目としては、労働災害が発生してしまった災害件数という負の結果目標を指標としていました。労働災害の度数率とか強度率もその例です。これに対して、新概念としてビジョン・ゼロで目指して

いる安全とは、許容可能なレベルまでリスクが下げられている環境で、リスクから解放され、楽しさや利益を求めて、自由に行動できる状態を意味しているような気がします。健康とは、心身共に健全、つまり、ＷＨＯ（世界保健機関）の言葉を借りれば、「身体的にも、精神的にも、社会的にも良好な状態」をいいます。そして、ウェルビーイングとは、やりがい、生きがいをもって働ける幸福な職場を意味していると解釈できます。すなわち、新概念では、これまでの負の側面だけでなく、安全、健康、ウェルビーイングの正（ポジティブ）の側面に目を向けています。労働災害の評価項目としては、正の側面がどのくらい実現されているかというポジティブな指標でも評価されることを勧めていて、前向き指標（プロアクティブ・リーディング・インディケータ：ＰＬＩ）が提案されています。私は、新概念での安全とは、安心して働けること、健康とは元気で働けること、ウェルビーイングとは意欲的に働ける職場を意味していると解釈しています。

安全、健康、ウェルビーイングは、今後、間違いなく、働く人にとって重要な概念になります。この三つのうちのどこに興味があるかは、職場や時代によって異なってくることがあっても、その基本である出発点は安全にあることは間違いありません。

6-3　ウェルビーイング（well-being）について

ここでは、改めて、ウェルビーイングについて、考えてみましょう。ウェルビーイングという言葉は、日本語にするのはかなり難しく、幸福とか福祉とかいろいろと訳されています。しかし、働きがい、やりがい、生きがい等を含んだ積極的な意味を含んでいると私は考えています。元々は、「良く（well）、存在する・生存する（being）」ことを表す言葉であり、古くから心理学や幸福学等の視点から研究がなされてきていました。ここではこれ以上、詳しくは紹介しませんが、主観的ウェルビーイングや客観的ウェルビーイング等の区別も含めて、多くの研究が行われてきています[22]。

ここにきて、ウェルビーイングという言葉が盛んに用いられるようになってきた理由は、WHOの憲章における健康の定義、「健康とは、ただ単に病気ではないとか、虚弱でないというだけでなく、肉体的にも、精神的にも、そして社会的にも、完全にウェルビーイング（well-being）な状態にあることをいう。」にウェルビーイングという表現が使われたことによると考えられます。

最近、ウェルビーイングを標ぼうする企業が増えてきました。企業において働く人の安全、健康、ウェルビーイングは、企業の存在基盤のはずです。これなしには、企業の健全な持続的活動はできないはずです。働く人のウェルビーイングが取り上げられだしたことは、これまで無視されがちだった従業員の心や意欲の問題に目を向けさせるという点からは、画期的であると思います。さらに、ウィズコロナの時代、ウェルビーイングはこれからの社会の新しい価値観になると考えられます。従って、企業が、自社で働く人だけでなく、企業活動の関係するステークホルダー全員のウェルビーイングの実現を目指し、それを通して社会のウェルビーイングに貢献することは、その企業が社会から信頼を得ることになり、企業価値を向上させることにつながります。それだけではありません。新しい価値観であるウェルビーイングに取り組むことは、ＳＤＧｓやＳｏｃｉｅｔｙ５・０（脚注３）につながるビジネスチャンスの機会を得ることにつながるのです。以上のように、企業にとって、ウェルビーイングは本格的に取り組むべき新しい価値観であり、大変意義のあることと思います。

（脚注３）サイバー空間（仮想空間）とフィジカル空間（現実空間）を高度に融合させたシステムにより、経済発展と社会的課題の解決を両立する、人間中心の社会。狩猟社会（Ｓｏｃｉｅｔｙ１・０）、農耕社会（Ｓｏｃｉｅｔｙ２・０）、工業社会（Ｓｏｃｉｅｔｙ３・０）、情報社会（Ｓｏｃｉｅｔｙ４・０）に続く、新たな社会を指すもので、第５期科学技術基本計画においてわが国が目指すべき未来社会の姿として初めて提唱された。

6-4　心理的安全性について

「心理的安全性（psychological safety）」という言葉が、最近、新聞紙上やネット上で、経営と安全に関する話題の一つとして、よく聞かれるようになり、興味を持つ企業が多くなってきました。「心理的健康」については、ガイドラインとしてＩＳＯ４５００３で制定されていることは、第４章で紹介しましたが、これとは異なった概念のようです。これまで、安全といえば、主として身体の物理的な安全を意味していましたが、心理的安全性とは、物理的ではなく人間の心理に係る安全性のことを意味しています。心の安全性ですので、わが国の「安心」にどのように関係するのか、これからの研究を待ちたいところです。

「心理的安全性」とは、元々は、ハーバード大学のエドモンドソン教授が「このチーム内では、対人関係上のリスクをとったとしても安心できるという共通の思い」として提案した心理学用語です。職場で誰に何を言っても、どのような指摘をしても、拒絶されることも、罰せられることも心配する必要のない状況のことを意味しています。これは、決して、規則、ルール等で決めているものではなく、雰囲気や暗黙の了解に基づく組織風土のことです。周りに忖度《そんたく》したり、空気を読んだりして発言するのではなく、上下関係があったとしても、自由に発言ができること、やってはいけないことをやってはいけないと発言できる雰囲気のことです。心理的安全性が最近、よく言われるようになったのは、米国のＧｏｏｇｌｅ社が自社の生産性向上のために言い出して注目されるようになったからだと思われます。生産性の高い職場では、心理的安全性が高かったという報告によって、一躍、知られるようになりました。すなわち、心理的安全性が企業で取り上げられるようになった背景には、上のように「生産性の高い職場では、心理的安全性が高かった」という事実に経営者が興味を持ったことです。生産性を高めることを目指して、社員の心理的安全性を上げる努力をしようという観点からでしょう。

実は、心理的安全性が注目されだしたもう一つの理由があると考えています。それは、企業内部の不正や、データ改ざんなどの問題の防止があるのではないかということです。企業の経営にとってのリスクには、多様なものがありますが、対応が最も難しい問題は、組織内部の人間による不正、例えばデータ改ざんや品質不正等の企業の不祥事なのではないでしょうか。これらの不正を防ぐには、基準を明確にして規則・ルールで強化するという組織的側面でも、また、教育の強化といった知識によって防ぐという人間的側面でもなかなかうまくいかないのです。もっと根本的な人間的な側面として全ての人々に正しい倫理観をもって働いてもらうこと、そして組織的側面として、健全な企業文化、安全文化を育てる必要があります。しかし、その前に、私は、皆が明るく楽しく元気で働く環境と雰囲気を整えること、すなわち、安全で安心して元気で明るく働ける物理的環境と精神的風土の存在が必要であると考えています。ルール、規則だけで縛るのではなく、また、知識を中心とした安全教育だけに頼るのではなく、その前に、各人の意識の問題、やる気の問題が先なのではないかと思っています。これは大変難しい問題なのですが、そのためには、風通しの良い職場につながる「心理的安全性」の実現が、データ改ざんのリスクやパワハラなどのリスクを減らすことにつながるという点が、注目されているもう一つの理由なのではないかと思います。

心理的安全性は、今後、重要視される考え方であると思われますが、わが国の安全・安心につながるところがありそうです。企業の経営者としては、ぜひ、興味をもって注視していっていただきたいと思います。

6-5　ウェルビーイング、心理的安全性は、誰のためのものか？

最近、企業経営にウェルビーイングや心理的安全性を唱える企業が増えてきたと言いました。従業員にとって大変良い影響を与えるのは確かです。しかし、企業の本当の狙いは、企業の業績の向上、生産性の向上にあり、そのための手段として用いているのではないかと思われる節があります。中には、企業の評判を上げるため、イメージを向上させることを主な目的としており、本来の目的を意図していないと心配しなければならない企業も見受けられます。ＳＤＧｓに関しても同様な傾向があるような気がします。

従業員のウェルビーイングや心理的安全性を上げることが本来の目的であって、その結果として企業の生産性が上がるのであって、この順番を間違えてはいけません。皮肉を言えば、結果として生産性が上がらなかったら、従業員のウェルビーイングや心理的安全性の向上の努力をやめるのですか、と言いたくなります。これに関しては、すでに第2章で紹介しました。少なくとも従業員のウェルビーイングや心理的安全性の向上を第一として、それと共に、生産性の向上を考えてほしいものです。

企業におけるウェルビーイングや心理的安全性は、誰のためのものなのでしょうか。もちろん、働く人達のためです。

６-６　労働安全衛生におけるウェルビーイング

ここでこれまでの議論を要約しておきます。労働安全衛生におけるウェルビーイングは、もちろん働く人のためです。しかし、それには前提があります。まず、働く人の安全を確保し、次に、健康を確保し、その上でのウェルビーイングです。安全の確保が大前提であることを忘れてはいけないはずです。労働安全衛生の観点からは、ウェルビーイングのみを唱える活動に危うさを感じるのは、安全、健康が前提であるのを忘れ、現場で働く人のことよりは、経営のことを主に考えているかのように思えるという前述の指摘に関係しています。

労働安全衛生における最も大事な基本は、働く人の安全の確保です。そのためには、安全学の示すように、技術、人間、組織の三者が協調して取り組まなければならないことも、これまで何回も述べてきました。ＩＣＴの発達によって、その中で安全技術の果たす役割がますます大きくなりつつあります。労働安全衛生におけるウェルビーイングの始まりは、実は、ＩＣＴによる安全技術の発達があると考えています。**図表６-３**にそのための道筋を描いてみました。この図に従って、ＩＣＴによる安全技術から始まって、労働安全衛生と企業活動を通して、最終的に社会のウェルビーイングに至る道筋をたどってみたいと思います。

同図では、ウェルビーイングに関連する事項を、技術レベル、労働安全衛生レベル、企業レベル、社会レベルというように、基礎から上層へと分類して、そのつながりを考えています。まず、技術レベルでは、ＩＣＴに基づく技術で安全を実現する協調安全、Ｓａｆｅｔｙ２・０が提案さ

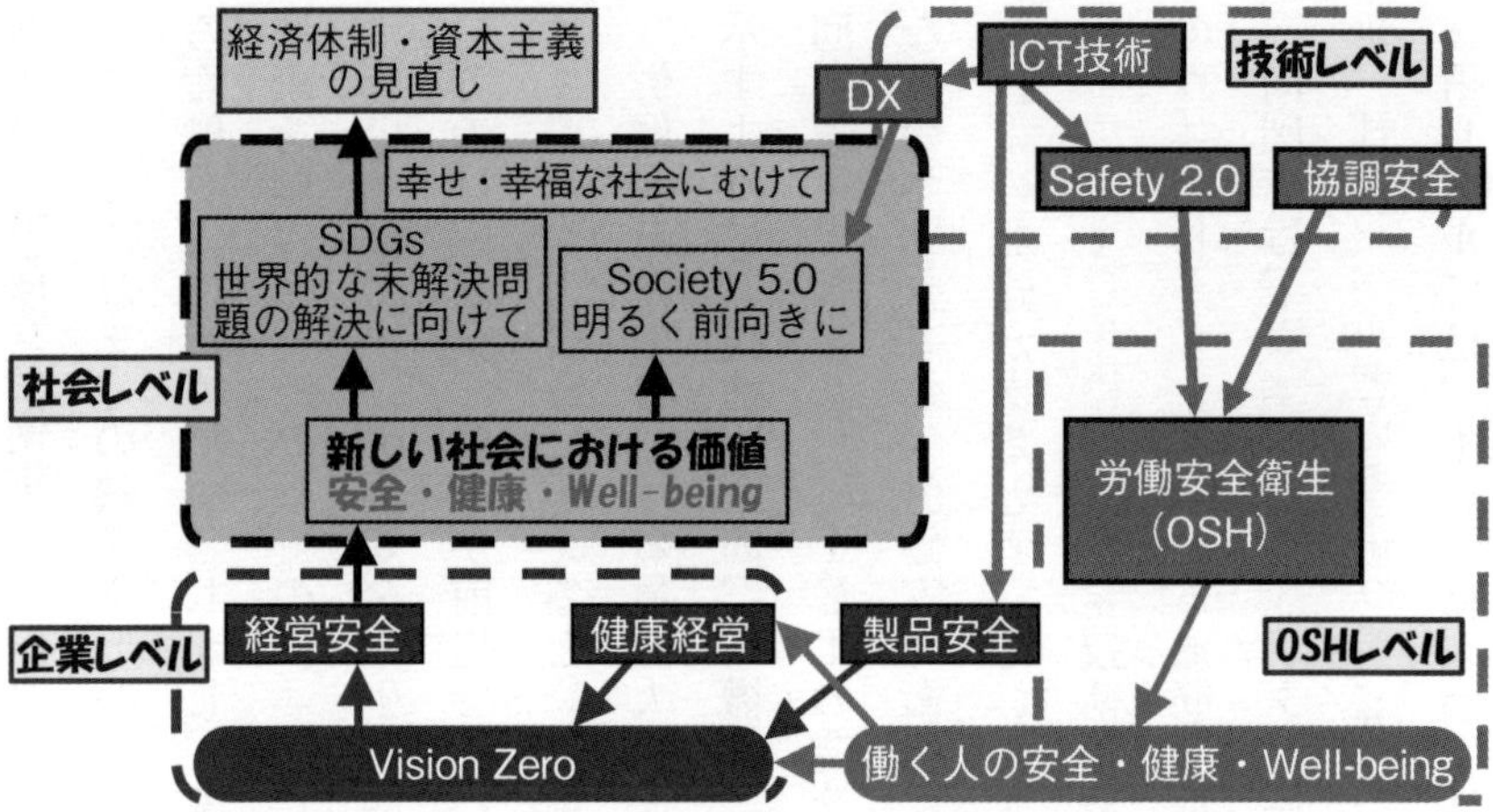

図表6-3　ウェルビーイングが新しい社内の価値観を導く

れています。これは労働安全衛生レベルに強く影響を及ぼし、現場での働く人の安全、健康、ウェルビーイングの実現につながりました。これが現場でのビジョン・ゼロ活動です。さらにこれが、経営安全や健康経営等を通して、企業レベルのビジョン・ゼロ活動につながります。

これについては、企業としてのウェルビーイングから、企業の社会的貢献を通して新しい社会の価値としてのウェルビーイングの実現につながっています。この最終の社会レベルでは、ウェルビーイングは、幸せで、幸福な社会に向けて、また、ＳＤＧｓの世界的な未解決問題の解決やＳｏｃｉｅｔｙ５・０等の夢の実現に向けて、新しい社会をリードする価値観になると期待されています。なお、社会レベルでは、ＩＣＴが安全技術に与えたとは別の意味で、社会やビジネスの仕組みを改革するＤＸ（デジタル・トランスフォーメーション）として、大きな影響を及ぼしつつあります。以上の流れが、社会レベルでは、願わくは、利益追求、株主優先の資本主義に代わって、新しい資本主義や経済制度の見直しにつながることを期待したいと思います。

以上の技術レベルから社会レベルへのウェルビーイングのつながりからも分かるように、その基本は、安全技術です。それが働く人の労働安全衛生につながり、企業の経営に、そして最後に社会の新しい価値につながっていきます。すなわち、労働安全衛生におけるウェルビーイングの基盤は、安全の実現、健康の実現という足が地に着いた活動が前提であることを忘れてはなりません。

ここで、ＩＣＴに関する新しい技術が安全、健康、ウェルビーイングに果たす役割をもう一度考えてみましょう。安全に対しては、これまで紹介してきたように協調安全、Ｓａｆｅｔｙ２・０という影響を与えています。健康については、医療その他で多くが導入されていますが、現場で働く人の体調や健康をオンラインで把握する技術へと利用されつつあります。残るは、最後のウェルビーイングへのＩＣＴの技術の適用です。ウェルビーイングへの技術の応用は、これからの大変面白い、挑戦的な課題であると思います。

あとがき

これまで、安全からウェルビーイングに至る労働安全衛生に関する国際的な動向について、国際標準を絡めながら紹介してきました。標準化といえば、安全は古くから行われてきており、その典型的な例が機械安全でした。安全の次は健康に向かいます。ISOでは、WHOやILO等と連携しながら国際標準化が進められています。新しい方向として、現在、ISOでは、アユース（AYUSH）システムと呼ばれるインドのアーユルベーダやヨガ、ホメオパシーなど医療系システムの頭文字をとった新しいTCの設置の提案が行われているのも、その例かもしれません。健康の次は、心の問題に向かうはずです。その傾向として、本書では、ウェルビーイングや心理的健康、心理的安全性等を紹介してきました。心の問題といえば、わが国には、昔から安全と共に「安心」という言葉が日常的に使われてきました。ウェルビーイングの議論は、やがては安心につながると予想しています。安心となれば、これまで文化として培ってきた日本の独自の考えを世界に発信する機会になるでしょう。

最後に、わが国独特の概念の例として「和の安全」についての私見を紹介しましょう。**図表7**の右側は、安全学[2]で紹介をした技術（機械・設備：自然科学）と制度・組織（法律・規制：社会科学）と人間（利用者：人文科学）の三者の安全確保の役割分担の関係を図示したものです。

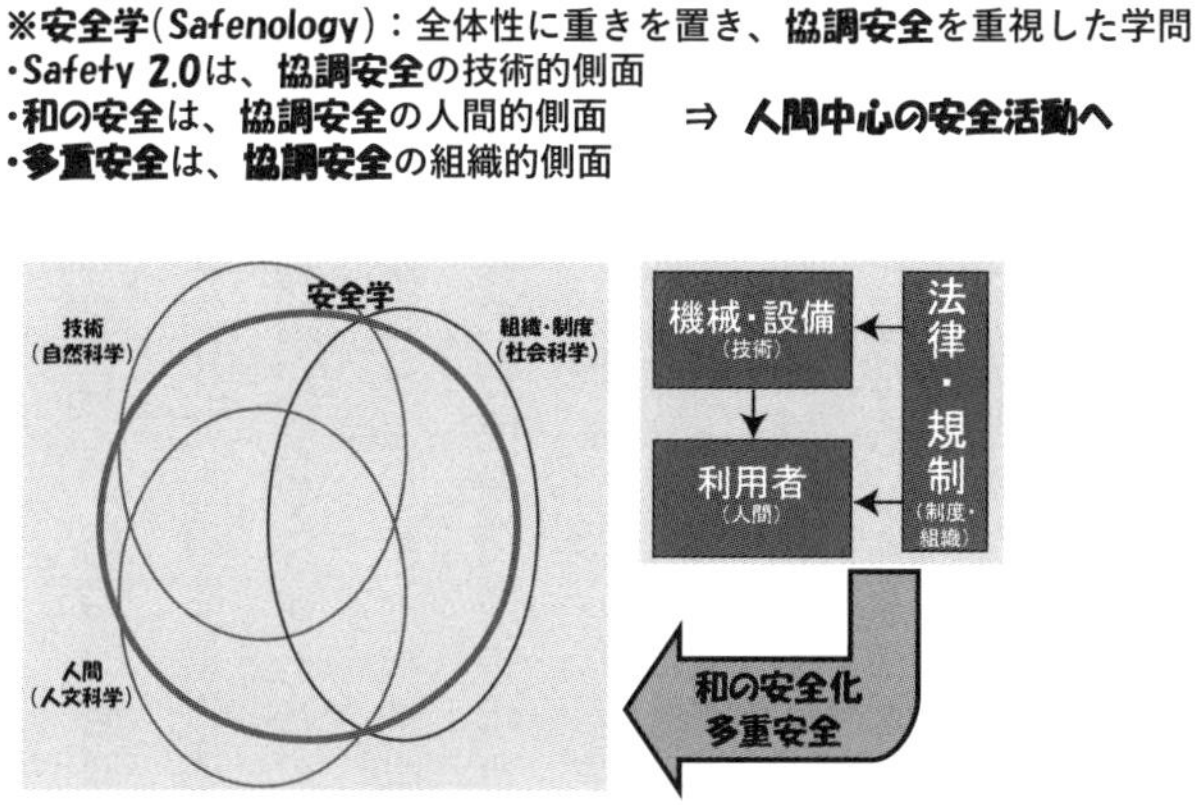

図表７　安全学（協調安全・Safety2.0）は、日本から世界へ

ここでの和の安全とは、この役割分担を保持した上で、人間的側面として、担当者はお互いの領域を大きくしてダブらせて、曖昧にして、他の役割とも重複をさせて、多重に安全を確保する考え方です。ある箇所での安全の確保について、本来はAの役割かもしれないが、Bの観点からも、また、Cの観点からもカバーし、時には他の役割に対してお節介に物申すということを意味しています。組織的側面としては、これは縦割りの役割を前提に、横割り的視点を重視する一種の多重安全と呼んでいいと思います。これまでのわが国の雇用形態では、作業者だった人が技術者になり、最後に管理者になるということがあり得ますので、和の安全は、かなりやりやすい傾向にあるのではないでしょうか。ただし、自分の本来の役割分担をないがしろにすると、いわゆる無責任体制になりがちというわが国の文化の欠点に結び付いてしまいますので注意が必要です。

この和の安全は、安全学の視点である協調安全の一環です。技術者は作業者や管理者と協調して、作業者は技術者や管理者と協調をして、そして管理者は技術者や作業者と協調して安全を確保するという人間の面からの協調安全です。Ｓａｆｅｔｙ２・０が技術的側面からの協調安全であったように、和の安全は、人間的側面からの協調安全なのです。そして、組織的側面からの協調安全が、多重安全に対応すると考えています。

労働安全衛生における最近のビジョン・ゼロ活動やＩＥＣの標準化の中には、わが国から提案している協調安全やＳａｆｅｔｙ２・０が取り上げられつつあります。筆者は、この流れは、ゼロ災運動がビジョン・ゼロ活動として回帰してきたように、きっと、「安心」につながって、わが国が世界の労働安全衛生に貢献するときが来ると考えています。

本書で、これまで紹介してきた労働安全衛生の世界的な動向が、読者の皆様にとって、将来に向けて、安全確保のそれぞれの役割と立場から、自主的に、かつ前向きに対応されるとき、少しでも参考になれば幸いです。

本書は、月刊誌『アイソス』で連載した内容を書籍化するにあたり、修正・加筆したもので、ご支援いただいた㈱システム規格社の中尾優作氏に感謝申し上げます。

参考文献

(1) 村上陽一郎『安全学』青土社、一九九八年

(2) 向殿政男、北條理恵子、清水尚憲『安全四学―安全・安心・ウェルビーイングな社会の実現に向けて』、日本規格協会、二〇二一年

(3) 向殿政男『入門テキスト安全学』東洋経済新報社、二〇一六年

(4) (2)の第１章基礎安全学、日本規格協会、二〇二一年

(5) (2)の第３章経営安全学、日本規格協会、二〇二一年

(6) (2)の第４章構築安全学、日本規格協会、二〇二一年

(7) ＩＳＯ／ＩＥＣガイド51（ＪＩＳ Ｚ８０５１）『安全側面―規格への導入指針』

(8) 向殿政男『よくわかるリスクアセスメント―グローバルスタンダードの安全を構築する―』中央労働災害防止協会、二〇一七年

(9) ＩＳＯ１２１００（ＪＩＳ Ｂ９７００）『機械類の安全性―設計のための一般原則―リスクアセスメント及びリスク低減』二〇一四年

(10) 中央労働災害防止協会監修、平林良人編著『ＩＳＯ４５００１：２０１８（ＪＩＳ Ｑ４５００１：２０１８）労働安全衛生マネジメントシステム　要求事項の解説』日本規格協会、二〇一八年十月

(11) 中央労働災害防止協会編『これだけでわかるＩＳＯ４５００１　導入から実践までのポイント』中央労働災害防止協会、二〇二一年

(12) 向殿政男「ＩＳＯ４５００１は人を幸せにするためのツール　企業として取り組まない手はない」、月刊誌『アイソス』、日本システム規格社、二〇二一年十二月号、pp.26-29

(13) ＩＳＯ ４５００３『労働安全衛生マネジメント―職場における心理的健康と安全―心理社会的リスクを管理するためのガイドライン』、二〇二一年六月

(14) 藤田俊弘「世界における新たな安全の潮流Vision Zero（ビジョンゼロ）」『安全と健康』中央労働災害防止協会、二〇一九年八月 第20巻第8号、pp.31-37

(15) 向殿政男「ビジョン・ゼロ・サミットＪａｐａｎ ２０２２に向けて―労働安全衛生の新しい潮流―」『農

業食料工学会誌』農業食料工学会、二〇二二年五月 第84巻第3号、pp.118-122
⒃ 向殿政男『Ｓａｆｅｔｙ２・０とは何か？ 隔離の安全から協調安全へ』中央労働災害防止協会、二〇一九年五月
⒄ 向殿政男「新しい時代の安全・安心を創る ～Ｓａｆｅｔｙ２・０と協調安全～」『一橋ビジネスレビュー』東洋経済新報社、二〇一九年十二月号、pp.8-17
⒅ Ｓａｆｅｔｙ２・０適合審査登録制度、〈https://www.japan-certification.com/safety_registration/safety2/〉
⒆ ＩＥＣ白書（Safety in the future）、〈https://www.iec.ch/basecamp/safety-future〉
⒇ 東京宣言：〈https://japan.visionzerosummits.com/ja/japan-2022-jp/tokyo-declaration/〉
(21) ビジョン・ゼロ・サミットＪａｐａｎ ２０２２：〈https://japan.visionzerosummits.com/ja/〉
(22) 前野隆司、前野マドカ『ウェルビーイング』日本経済新聞出版、二〇二二年三月